越後の華乃城

飯田美紀子

自由国民社

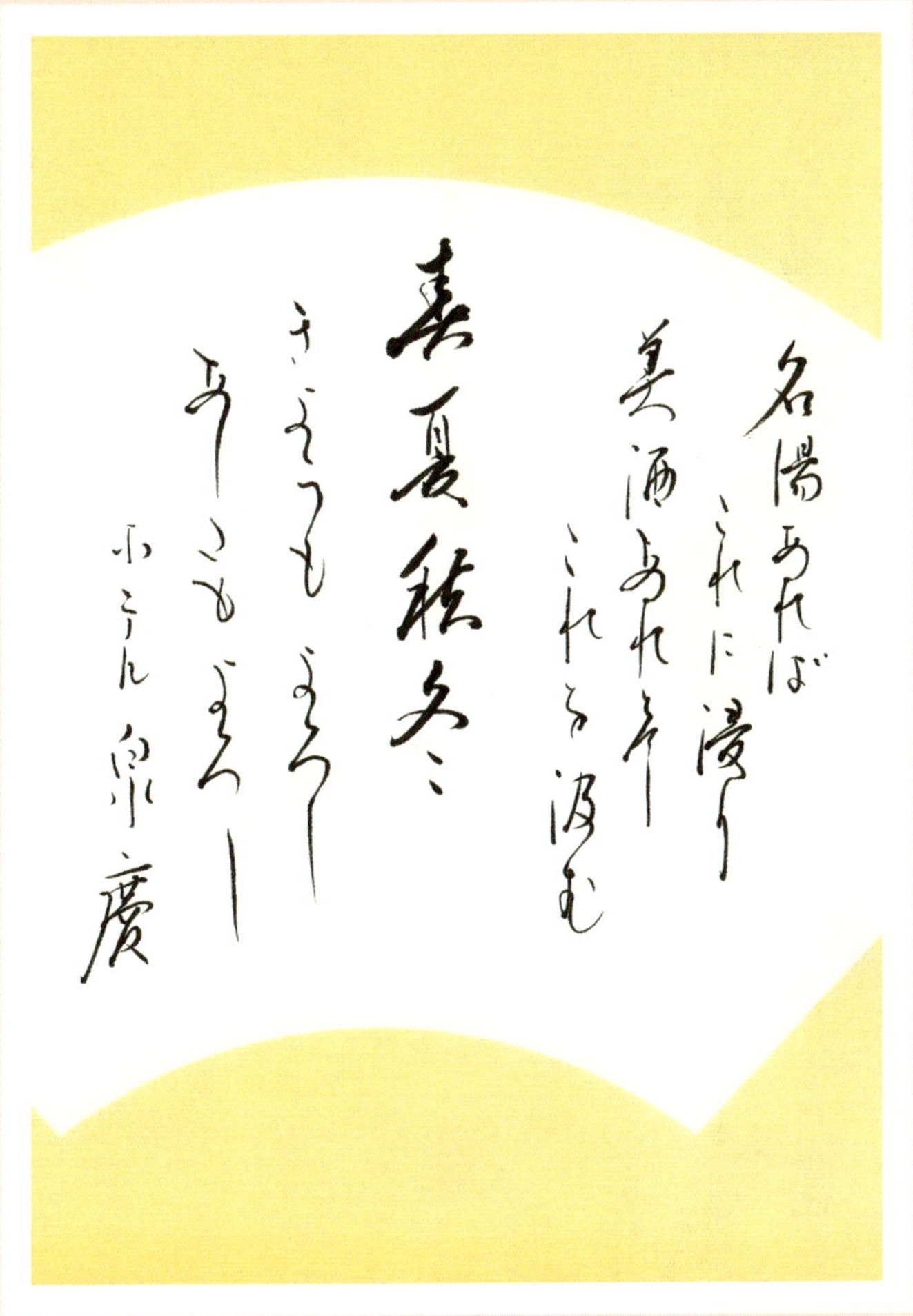

橋本キヨ直筆の言葉

橋本キヨ（平成八年）

教員時代のキヨ（昭和二十一年）

開業時の泉慶（昭和四十二年）

増築したホテル泉慶（昭和四十四年）

飯田正晴・橋本キヨ（昭和四十四年頃）

白玉の湯 泉慶

華鳳別邸 越の里

白玉の湯 華鳳

月岡温泉 新湯 石畳

月岡温泉 足湯

母・橋本キヨに捧ぐ

はじめに

新潟の奥座敷・月岡温泉に、今なお人々の記憶に鮮やかに生き続ける伝説の女将がいます。

その名は、橋本キヨ。「越後の三女傑」と呼ばれた私の母です。

大正十五年、雪深い越後の地に生を受けた母は、四十二歳という人生の折り返し点で、驚くべき決断をします。一介の主婦の身から起業を決意。わずか八室の小さな旅館を始めたのです。その宿を、母は一代で「白玉の湯 泉慶《せんけい》・華鳳《かほう》」という、合計収容人数千二百二十五名を誇る温泉ホテルへと育て上げました。

経験も、人脈も、資金も持ち合わせていないまったくの素人が、なぜこれほどの結果を出すことができたのか。

そこには、母が生涯を懸けて守り続けたひとつの信念がありました。

「名もなき宿だが　味と情で客は鈴なり」

たとえ無名の宿であろうとも、真心を尽くし続ければ、必ずやたくさんの方が訪れてくださる――。この揺るぎない信念を胸に、母は昼夜を問わずただひたすらお客様のことだけを思い、進み続けたのです。

そんな母は、人との出会いに恵まれ、持ち前の度胸と明るさ、そして誰をも魅了する温かな笑顔で、「お母さん」の愛称と共に皆様の心に深く刻まれていきました。

さらに、その人生には「運命の出会い」がありました。

公私にわたって母を支え続けたパートナー・飯田正晴との邂逅《かいこう》です。二人は戸籍上の夫婦とはなりませんでしたが、既存の価値観を超えた強い絆は、生涯揺らぐことがありませんでした。

戦後の混乱期から高度経済成長、そしてバブル経済とその崩壊――。

大正の終わりに生を受けた母の人生は、そんな時代の流れの中で紡がれていきます。

戦時中に独学で教員となった青春時代、旧家の跡取りとの結婚、起業への険しい道のり、資金調達に苦心した日々。

そして「サービスは心」という、母が生涯にわたり追求し続けた理念と、「名もなき宿」の奇跡的な成長。さらには、飯田正晴との運命的な出会いと絆――。

激動の時代を駆け抜けた母の人生は、まさに夢と情熱の軌跡そのものでした。


生前、母には社史を著したいという夢がありましたが、はたせぬまま七十八歳で旅立ちました。娘である私は、その遺志を受け継ぎながらも日々の忙しさに紛れ、気づけば二十余年が過ぎ、当時の関係者はほとんど鬼籍に入っております。

そんな今だからこそ、運命に導かれた人間模様の中でひたむきに生きた母の真実の姿を、ありのままにお話しできるのではないか。

女性起業家のパイオニアとして、母がどのような経営哲学を持ち、幾多の苦難をどう乗り越えていったのかをつぶさにお伝えできるのではないか。そして僭越《せんえつ》ながら、ひたすら前を向いて一途に生きた母の人生から、何らかの学びを得ていただけるのではないか……。

そんな思いを胸に、一念発起して筆を執りました。

さまざまな側面から母の姿を浮き彫りにできるよう、生前の母を知る方々の話や、講演記録、取材記事、日記などを織り交ぜて綴ってまいります。

人一倍の努力家で負けず嫌いだった越後女が、一人の経営者として、一人の人間として真摯に生きた足跡をたどり、橋本キヨという稀有な女性のことを心に留めていただくことができましたら、これに勝る喜びはありません。

〈越後の華乃城〉 目次

第二章　名もなき宿だが

第三章

新しい源泉と華やぎの館

第四章

お客様の「新潟の母」

本書は、実在する橋本キヨさんの逸話を近しい方々からの聞き書きにより組み立て、読みやすく仕上げたものです。そのため、一部記載内容が事実と異なる可能性もありますが、予めご了承ください。

第一章

豊穣の地に生まれた女傑

華鳳の「天守閣」にて

澄んだ秋の陽が、眼下の阿賀野平野を黄金色に染め上げていました。

平成九年、完成したばかりの「白玉の湯 華鳳」（以下、華鳳）の最上階で、母は静かに窓の外を見つめています。

「ほら、ご覧なさい。稲穂が風に揺れて美しいこと。今年も豊作ですね」

その声には、深い感慨が滲《にじ》んでいました。

実りの季節を迎えた田では、豊かな穂波が果てしなく続いています。月岡温泉でもっとも高い位置にあるこの場所からの眺めは、まるで黄金のじゅうたんを見下ろすようでした。

この時の母は、戦国武将が苦心して築き上げた「わが城の天守閣」に立っているような満足感に浸っていたのではないかと思います。

四十二歳で婚家を出て始めた旅館業。誰もが驚き、無謀だと言った挑戦でした。しかし、わずか八室の宿を、六百七名を収容する「白玉の湯 泉慶」(以下、泉慶)に育て上げ、今、七十二歳にして、総工費百二十億円もかけて収容人数六百十八名の華鳳をオープンさせた母。

後ろを振り返ることなく前だけを見て、必死で走り続けた母にしかわからないさまざまな感慨が、その胸には去来していたのでしょう。

この時、見渡す限り黄金に輝く豊穣の色は、母の心の色でもあったはずでした。

「ここまで、よくがんばってきたものですね」

私の言葉に、母はゆっくりと目を閉じました。まぶたの裏には、きっと数えきれない思い出が駆けめぐっていたことでしょう。

「お客様が、私をいつも助けてくれたおかげですよ」

母の声は優しく響きます。

「よい時も苦しい時も、お客様を何よりも大事にしていれば、いざという時に、そのお客様に救われることが多いものです」

この時ほど、母の側で仕事をしてきた幸せを噛みしめたことはありません。

何事にも、また誰にでも「心を尽くす」ことが母のモットーでした。

娘の私から見れば、思い入れが強すぎるのではないかと感じることも正直ありました。しかし、結果として母のやり方が正解だったのです。その証がこの華鳳の完成なのだと、この時強く思ったものでした。


昭和、平成という二つの時代を生き抜いた母が、どのような幼少期や青春時代を過ごし、「越後の三女傑」と呼ばれるまでになったか。そして、なぜまったく未経験だった旅館業を始めるに至ったのか。

その物語の始まりへと、歩みを進めていきましょう。母が生まれ育った、みずみずしい自然に抱かれた越後の里へと――。

「里」の自然に抱かれた幼い頃

母・橋本キヨが生まれ育ったのは、新潟平野のほぼ中央に位置する新潟県阿賀野市里。かつては北蒲原郡堀越村字里《きたかんばらぐんほりこしむらあざさと》と呼ばれた、昔ながらの越後の風情が残る田園地帯です。

大正十五年一月十五日、橋本頼蔵、タマの次女として、十人きょうだいの四番目として生を受けた母は、妹マス、弟の勇と武たちと一緒に、この豊かな土地で幼い日々を過ごしました。

母から聞いた話によると、里は本当に美しい場所だったそうです。

どこまでも広がる田園を清らかな水が縫うようにめぐり、屋敷林が風よけとなって点在する家々を守る……。そんな昔ながらの景色の中で、人々は日々の営みを紡いでおりました。

春になると、雪解け水が田んぼに引かれ、五頭連峰から吹き下ろす風が、次第に柔らかな春の息吹を運んでくる。早苗が植えられ、青々とした稲が育っていく様子を、きっと幼い母も胸を躍らせながら見つめていたことでしょう。

「あの頃はね……」と、晩年の母は語っていました。「畦《あぜ》に立てた『はさ木』に稲束を何段も掛けて、まるで金色の垣根のように並べて天日干ししたものよ」。

機械化された今の収穫とは異なり、手間暇をかけ、労を惜しまず自然の恵みを刈り取る。そんな故郷の風景は母にとって、人生の大切な教えとなったのかもしれません。

里には、白鳥の飛来で有名な瓢湖《ひょうこ》がありました。

毎年秋から春にかけて、千羽から二千羽ものオオハクチョウとコハクチョウが飛来します。今では国の天然記念物となっているこの場所で、白鳥たちを見ながら母はどんな夢を描いていたのでしょうか。

今、母の育った実家は建て直され、昔ながらの面影を残す静かな集落で、叔父一家が大切に守り続けています。生前の母は、時折、仕事の合間に訪れては懐かしそうに微笑んでいました。「ここが私の原点よ」と。

後に大女将として多くの人々に慕われることになる母の心の深くには、いつもこの里の風景が息づいていたのです。

❇きかん気で利発な子ども

子どもの頃の母は、大変きかん気な子だったそうです。妹マスの話によると、道端に水たまりなどがあると、わざと寝ころんで駄々をこねたりして、祖母を困らせたりしたとか。

そんな性格の一端を示すエピソードがあります。
三、四歳頃のこと、子どものいない親戚の家に母が養女に出されることになりました。幼い母をその家に置いて、祖母はこっそり帰りました。すると、それに気づいた母は泣きながら裸足で外に飛び出し、夜通し泣きわめいて大変だったとのこと。

両親と橋本キヨ

一族との写真
（前列の赤ちゃんを抱いた女性の隣の少女が橋本キヨ）

祖母も心配でひと晩中眠れず、翌朝暗いうちに起きて母を迎えに行き、養女の話は破談にして連れ帰ったそうです。

国民学校に入学した母は、教師の印象に残る生徒だったようです。

私にとっては叔父にあたる武が小学校六年生の時、担任の先生から「お前、もしかしたら橋本キヨの弟か？」と聞かれたことがあるとか。「ハイ」と答えると、「そうか」と満足気にうなずかれたといいます。先生にとっても、母は自慢の教え子だったのかもしれません。「姉は勉強もできたが、かなり目立った存在だったのではなかろうか」と、武叔父がのちに話しておりました。

祖父・頼蔵は、橋本弥練吉・スイの三男として生まれ、田んぼ三反に味噌蔵、「はんぎり」（底の浅い桶）をもらって分家しました。その後、苦労を重ねて田んぼを五倍に増やし、家も三回にわたって建て替え、酒類の販売を開始。経営は順調だったようです。

ただ、生活に追われて子どもの面倒まではなかなか手が回らなかったといいます。晩年の祖母は、「子どもを犠牲にして一生懸命働いてきたものだ」と、よく武叔父に話していたそうです。

三女のフミが急病のため病院で急逝した時、なきがらを負ぶって帰った祖父はあまりの悲しさに泣き通し、蓄えていた米を売り払って、お仏壇を買ってやったという話が残っています。

まだ、板の間にむしろを敷いていた家が多かった昭和二十年頃、橋本家はすでに総畳敷きだったとか。また七十軒ほどの集落で、自動車を持つ数軒のうちの一軒だったそうです。

その後、昭和二十四、五年頃に、二階を四部屋増やし合計六部屋にして、総二階建の立派なお屋敷に建て増します。障子を開け放つと部屋の中は明るく、風が吹き通って、当時としては画期的な旅館造りで、別世界のようであったといいます。

❈商売上手だった祖母と学者肌だった祖父

すでに酒屋を始めていたので、祖母はその増築した部屋で宴会を誘致するつもりだったようです。

祖母は朝三時に起きて豆腐を作り、村祭りの日などに売ったという商才の持ち主でした。戦後間もない時代に早くも、飲食業に乗り出そうとしていたことに驚きます。そんな祖母の血が母にも流れていたからこそ、のちの起業につながっていったのかもしれません。

ところが、主人である祖父の意向で、酒屋には「酒の貸し売りは致しません」と大きく張り紙を出しておりました。しかも祖父は、殿様のように座っていたというのですから商売は成り立ちません。

そこで考えた祖母は、息子たちに酒と醤油樽《しょうゆだる》を積んだ馬車を引かせ、近郷の村々を回って販売させるようになりました。

時には離れた村まで行き、一軒一軒回って瓶や樽ごと酒を置いてもらったそうです。支払いは年二回。いわゆる盆、暮れの勘定という約束でした。そうした熱心な商売を続けるうちにどんどん信用がつき、業績を順調に伸ばしていったのです。

しかし、ある夏の日のことです。

夕暮れ時、祖母は勇叔父と開墾畑から帰り、「ああ、疲れた。今日もよく働いたものねえ」と、武叔父が沸かしたお風呂に入りました。そして「いい湯加減でしたよ」と、上機嫌でお風呂から出てきたそうです。

その日は、近所に嫁いでいた妹マスが、小さな娘を連れて里帰りしておりました。祖母は、ヨチヨチ歩きの孫を手招きして呼び、座敷でそれはそれは幸せそうな顔であやしていたといいます。

ところが突然、どうしたことか、大きな息を三度ほどすると、そのままあお向けに倒れてしまったのです。

「大変だ！　すぐにお医者様を！」

勇叔父は、すぐさまバイクに飛び乗って、町の医者を呼びに走りました。けれども、いつまでも帰ってきません。後で聞くと、急ぎすぎたためにバイクのチェーンが切れてしまったのだとか。叔父は近くの家に助けを求め、自転車を借りて、必死で医者のところまで走ったそうです。

母はすでに嫁いでいましたが、知らせを聞くと、すぐさま駆けつけたそうです。泣きながら祖母の名を呼び、その胸を何度も叩いたとのこと。

周りの者は慌てて止めたそうですが、後になって叔父たちは、こう言いました。

「あれは心臓停止の状態だったから、むしろ強く叩いて心臓にショックを与えれば、助かったかもしれない」と。

医者が来た時には、もう祖母の体は冷たくなっていたとか。享年六十八歳、心臓マヒとの診断でした。

祖母を見送った後の祖父の悲しみようは、並々ならぬものだったそうです。商売上手だった祖母に比べて、祖父は実直かつ学者肌の人で、世界史には特にくわしく、折に触れて歴史を娘や息子たちに話して聞かせたとか。そんな学問好きなところは、母に受け継がれているように思います。

晩年は時折、夫婦喧嘩《げんか》もしていたようですが、夜になると、よく座敷で祖父の尺八に合わせて、祖母が歌っていたとか。祖父は尺八の名手で、祖母は歌と踊りが大好きだったと聞いております。祖父は八十五歳で亡くなり、勇叔父が橋本家の当主となりました。

独学で国民学校教師になる

橋本家は、いわゆる旧家と呼ばれる家柄で、役所勤めの祖父や叔父は、音楽や読書を愛する教養人でした。家には多くの蔵書があり、母はそれを読むのが何より楽しみだったとか。

母が最初に大きな感動を受けたのは、十四、五歳の頃に出会った徳冨蘆花の『寄生木』だったといいます。それからは、マーガレット・ミッチェルの『風と共に去りぬ』など、手当たり次第に読み漁ったそうです。思春期の母は、『風と共に去りぬ』の主人公スカーレット・オハラの運命に立ち向かうたくましい生き様に影響を受けたのではないでしょうか。

母にはこの頃から、「私も、自分の信じる道を歩みたい」という思いが強くあったようです。そして、その思いはいつしか、「学校の先生になりたい」という夢へと変わっていきます。

高等小学校（尋常小学校の卒業後、さらに高い初等教育を行う学校。当時は尋常小学校のみが義務教育）を卒業した後、母は念願の国民学校の教師になりました。当時、教員になるには師範学校を出るのが一般的でしたが、母は独学で書道の師範免許を取得したそうです。そのような経歴で採用試験に受かるには、並々ならぬ努力が必要だったと聞いております。

試験日のこと。受験生は母よりずっと年上の男性ばかりで、相当好奇の目を向けられたとか。しかし母は動じることなく見事合格。昭和十九年、十九歳の春に晴れて教員となりました。

「戦前から戦後のほんのわずかな期間だったけれど、私の青春時代の宝物。とても大切な思い出です」

懐かしむような表情で昔を思い出しながら、母そう語ってくれました。同じ年頃の男性は兵士として戦地へ、女性は銃後を守って兵器工場へ……という時代、母は水原国民学校の教壇に立ちました。夢が叶って、憧れの教師となった若き母の喜びはいかばかりだったでしょう。

しかし、日に日に厳しくなる戦況の中、食べ物も着る物もなく、もんぺ姿が当たり前。授業では教育勅語や戦意高揚が中心で、数学や国語は二の次だったようです。当時、母は菩提寺《ぼだいじ》であり、ご縁の深かった無為信寺に寄宿していました。前院主様の奥様は英語が堪能で、母はその方から多くの影響を受けたとか。ただ授業では検閲の目が光っており、そんな状況で子どもたちと向き合う日々には、今日のように平和な時代には想像もつかない葛藤があったことでしょう。

昭和二十年の終戦後も、混乱は続きました。誰もが生きていくのに必死で、子どもたちも勉強どころではありません。教科書は、軍国主義的な箇所を墨で塗りつぶして使いました。母が、その墨で黒々と消された教科書を長い間大切に持っていたのを覚えております。

❋憧れの的だった橋本先生

戦後の母は、白いブラウスに身を包み、当時としては珍しい自転車通勤をしたそうです。

同僚だった方が当時の母をよく覚えていて、「橋本先生は、同僚からも生徒からも、憧れの的でした」と教えてくださいました。戦後の解放感からでしょうか、母は若い女性らしい華やかな雰囲気を漂わせていたのでしょう。

途中で出会う生徒たちに、チリンチリンとベルを鳴らすと、「うわぁ、橋本先生、素敵！」と生徒たちが自転車を取り囲んで一緒に走ったとか。母は速度を緩めて生徒たちと会話をしながら、いつも楽しく登校していたそうです。

ピアノが大好きだった母は、毎朝早く学校へ行き、授業が始まる前に体育館のピアノを弾いていたとのこと。その姿は、きっと生徒たちの心に強く焼きついていたことでしょう。

そんな母の教育姿勢はかなり先進的だったようで、こんなエピソードが残っています。

ある時、母は授業の一環として生徒たちを新潟市内へ連れて行き、県庁を見学させたというのです。それは、今日の修学旅行生が国会議事堂を見学に行くより何十倍もセンセーショナルなことでした。

「そんなところへ子どもを連れて行ってどうするんだ！」

「まだ子どもなんだから、村の中で学ばせれば十分じゃないか」

周りの大人たちは口々に母を責め、かなり物議を醸したのだとか。

「でもね、子どもたちの目は、輝いていたんですよ。県庁を見上げた時の驚きようといったら！　いきいきとした顔を見ていたら、私もうれしくてね」

母は晩年、そう思い出を語ってくれました。生徒たちに、幼いうちから広い視野を持ってほしい……。そんな願いがあったのでしょう。

読み聞かせの時間も、母と生徒たちにとってかけがえのない時間だったようです。

「先生、今日は何を読んでくれるの?」

「『家なき子』がいいな」

「私は『小公女』が聞きたい!」

家の蔵書から一冊選んで読んであげると、教室では生徒たちのそういった声がいつも上がっていたといいます。特に『家なき子』を読んだ時は教室中が静まり返り、やがてポロポロと涙を流す子が続出し、中には声を上げて泣き出す子もいたとか。

本好きの母にとって、そんな生徒たちのまっすぐな眼差しと純粋な反応が、この上ない幸せだったのでしょう。

❋理想と現実の間で揺れた教師時代

しかし、戦後の庶民生活は苦しく食料も不足し、トウモロコシ、サツマイモ、ジャガイモが常食。生きていくのが精一杯です。勉強どころではなく、イナゴ捕りや落ち穂拾いなど、親も子どもも毎日の飢えに追われるような日々。

一時は学校中の生徒がシラミだらけになって、脱いだ服を大釜で煮たり、殺虫剤のＤＤＴを頭からかけられて全身真っ白になったり、泣くに泣けない毎日だったといいます。

同時に、戦後教育への急激な変換は、現場に立つ若い教師にとっては戸惑いの連続でした。特に、昭和二十年代前半はＧＨＱの介入が大きく、夢と現実の間には大きな落差がありました。教育の理想は心のうちにしまい、現実と対応しなければならない毎日。精神的に追い詰められ、悶々としている母に結婚話が舞い込んだのは、そんなタイミングでした。

父・前田茂との結婚

母の結婚話は、隣村の旧家で豪農だった前田家の長男、茂が母を見初めたことから始まりました。仲人から話を持ちこまれた祖母は、母を熱心に説得したようです。「女の身で教師などをしていてもメシが喰えないよ」と。

橋本家では農業と酒類販売を営んでおりましたから、他の家よりも余裕はありました。それでも祖母としては、またとない良縁だと考えたのでしょう。

「農家へ行けば食べることに心配はないでしょう？　それに、野良仕事はやらなくていいと言われているのよ」

「だって私には、教師の仕事があるもの」

「女の幸せは家庭にあるのよ。こんなによい縁談はめったにないわ」

教師の仕事に強い生きがいを感じていた母には、複雑な思いがあったようです。

「教師をもう少し続けたい。でも、このままでは行き詰まってしまうことが目に見えている。でも、教師の仕事にも未練がある……」

「いや、周りの勧めに従ったほうがよいのかもしれない」

あれこれと深く悩んでも、結論は出ませんでした。


実は、母が迷う理由は、もうひとつあったようです。

後年、武叔父が酔ってご機嫌になると、よくこんな思い出話をしてくれました。

「キヨ姉さんったら、あの頃、俺を部屋に呼びつけてね。『武ちゃん、私、今おつきあいしている同僚の先生と結婚したほうがいいかしら。それとも母さんの勧める農家へ嫁いだほうがいいかしら』って真剣な顔で聞くんだよ」

「それで、叔父さんは何て答えたの?」と聞くと、武叔父はこう言って笑うのでした。

「『姉さん、農家へ行ったほうがいいよ』と答えたら、部屋から追い出されちゃってね。はっはっは」

若かりし母の乙女心が伺えるエピソードです。

しばらく返事をためらっていた母ですが、結局、親が勧める結婚を選びました。昭和二十二年頃ですから、それが当時の状況で母が出した最善の答えだったのでしょう。

当時この地域では「足入れ婚」という習わしがありました。正式な婚姻の前に生活を共にし、嫁が家風に合うかを見極め、子どもができてから正式に籍を入れるというものです。昭和二十三年、姉の代野子が生まれ、ようやく母の籍は前田家に入りました。

❇農地改革の変化の中で

しかし、婚家での生活は苦難の多いものとなりました。

前田家の蓄えは、戦後の混乱と食糧不足でみるみる減っていく中で、農地改革の波が到来。さらに重い相続税も重なって、前田家の田畑は分割され、相続税を納めるために財産は売り払われていったのです。

残されたのは、わずか二町七反の田畑と家屋敷だけ。使用人たちにも暇を出さねばなりませんでした。母はその厳しい現実を前に、残った分だけでも守り通そうと覚悟したようです。

「私がやらなければ誰がやるの」

負けん気の強い母は、そう言って田畑に出るようになりました。

しかし、農作業はおろか、力仕事さえしたことがないのです。最初は鍬《くわ》の使い方も、畝《うね》の立て方もわかりません。

「畑仕事がこんなにきついなんて……。体が思うように動かない」

気持ちばかり焦って、仕事は進みません。一日働くと足腰が痛んで、眠れないほどだったとか。

けれども、母の負けず嫌いな性格がそんな苦境を救ってくれました。

「こんなことじゃ、これから生きていけない。心を強く持たなくては！　これが今の私に与えられた道だから」

そう決意した母は、必死で周りの人に農作業を教わったといいます。すると不思議なもので、仕事ぶりが日に日に上達。あれほど苦手だった農作業が、いつしか他の人が追いつけないほど速くなったとか。

「これなら大丈夫！　畑仕事もやっていける」

そう自信が持てるようになって、母はようやく夜もぐっすり眠れるようになったと話してくれました。

そんな中で、姉の代野子に続き、三年後に私が誕生したのでした。

とはいえ、当時は復員していない方が多く、男手が足りない状態。女手も貴重な労働力なので休んでいられません。母はもともとふっくらとした体型でしたが、毎日の重労働と食糧事情の悪さで、すっかり痩せていったそうです。

母はこの頃のことについて聞かれると、こう言っていました。

「農地改革のことは、私は恨んではいません。そのおかげで今日の日本があるのですから。本当の意味で身分制度がなくなって、誰でも努力すれば報われる世の中になったんだと当時は思いました。新しい時代が来たのだと」

それでも、さすがに疲れることもあったのでしょう。時々は里の実家に戻り、二階の部屋で横になって武叔父に駄菓子を持ってこさせ、食べながら本を読み、息抜きしていたとか。

後年、どんなに忙しくても、母は時間を見つけて本を読んでいました。読書という楽しみがあったからこそ、誰よりも必死でがんばれたのかもしれません。

お坊ちゃま気質の父と、自立心の強い母

前田茂は近隣ではよく知られた旧家の跡取りで、女性ばかりの十人きょうだいの中で甘やかされて育ったと聞いています。

前田家は大きな地主だったので、同じく地主だった実家・橋本家との釣り合いはとれていたのでしょう。しかも茂から望まれての結婚でした。しかし母自身は相手をよく知らないままでしたから、最初からうまくいきません。優しくお坊ちゃま気

質の茂と、自立心が強く行動的な母。性格の違いは決定的でした。

実を言えば、茂には離婚歴がありました。前の女性に問題があったと伝えられていますが、それが本当の理由だったのか、わかってはおりません。前田家は格式のある家だったので、もしかすると「家風に合わない」といったことがあったのかもしれません。今ではまったく考えられないことですが、昔は婚家の都合で女性が一方的に家を出されることもあった時代です。舅《しゅうと》は非常に立派な人だったそうですし、姑《しゅうとめ》もよい家柄から嫁いできたとかで、あまり世間を知らない人たちだったといいます。そんな家でしたから、憶測ですが、嫁姑の問題もあったのかもしれません。

激変する時代の中で、農地改革によって前田家自体も大きな変化を迫られ、茂は重圧を感じていたのではないかと思われます。

田畑や財産を手放した後も、前田家では地主時代の考えを変えられず、嫁である母は苦労したといいます。

出入りの行商人が来れば昼食場所を提供し、以前と変わりなく、おかずやお味噌汁も出さなければならない。近隣のおつきあいも地主時代と同じ。余裕資金はすでに残っていないにもかかわらず、昔からの習慣を変えようとしない姑と、随分ぶつかっていたそうです。

「運命の人」との出会い

母が、のちに公私共に一生のパートナーとなる飯田正晴と出会うのは、ちょうどこの頃。幼い娘たちを抱え、頼りにならない夫や昔を捨てられない義父母を支えて孤軍奮闘していた二十代半ばのことです。

母より十三歳年上の正晴は当時、四十歳手前の働き盛り。牛を商う馬喰《ばくろう》として、精力的に村々を回っていました。当時の農村では、牛が貴重な労働力。どの家の庭先にも牛小屋があり、四、五頭の牛が飼われていました。搾乳を副業にする農家も多く、そんな時代の流れに乗って、正晴の商いは大いに繁盛していたのです。

正晴は前田家にもよく立ち寄りました。馬にまたがって颯爽《さっそう》と現れたかと思えば、まだ珍しかった自動車でやってきて、私たちを驚かせることもありました。

「わあ、すごい！　このおじちゃん、お金持ちなんだな」

子ども心に、私はただただ目を輝かせていました。近所の大人たちとは違う、どこか洗練された雰囲気を持つその姿は、今もよく覚えています。

正晴は明るく、人好きのする切れ者でした。正晴が現れるとその場が活気づき、誰もがその話に耳を傾けるのです。元警察官で満州に渡った経験を持ち、曲がったことが大嫌いな潔癖さも、彼の魅力のひとつでした。

父は親分肌の正晴を「敬愛する大将」として慕っていました。

母もまた、正晴が来るとニコニコして最上級のもてなしをします。すでに結婚して子どももいた正晴と我が家は、やがて家族ぐるみのつきあいになっていきました。

小学校三年生の頃でしょうか。近所を回った正晴が、最後にうちへ立ち寄るようになりました。すると決まって、こんな会話が始まります。

「もう遅いですから、今日は泊まっていってください」

「いやぁ、毎度ご迷惑をおかけして」

飯田正晴

「いいえ、どうぞ遠慮なく」
泊まるように勧める母の声には、普段より柔らかな響きがありました。しかも、正晴が来ると食卓にご馳走が上り、母の機嫌がよくなります。何かと正晴の世話を焼く母の表情は、どこかいきいきとしていたことを思い出します。

今思えば、その頃から二人の心は静かに寄り添い始めていたのかもしれません。気弱で何事も受け身な父とは違い、豪快で頼もしい正晴。その存在は、旧家の嫁として我慢を重ねて生きていた若い母に、ときめきを感じさせるのに十分だったのでしょう。

また世事にも明るく、経営感覚も身につけた正晴との交流は、眠っていた母の独立心や冒険心を、もっといえば、本来の母自身を呼び覚ましたのではないでしょうか。

二人がいつ頃から、どのような経緯《いきさつ》を経て、お互いの特別な存在となっていったのか。今は知るすべもありません。しかし二人を出会わせたものは、運命以外の何物でもなかったでしょう。

もちろん、母は私たちの前で少しもそんな素振りを見せませんでした。二人が男女として惹かれ合っていたのだと気づいたのは、私自身が大人になって恋を知り、人の心の機微を理解するようになってからのことです。

「四十歳になったら家を出たい」

ある秋の夕暮れ時、夕飯の支度をしながら、母はふと口を開きました。

「お母さんは四十歳になったら家を出て、自分で仕事を始めるからね。この家は代野子が継げばいいわ」

確か小学四年生だった私は、前にも聞いたなと思いながら、黙っていました。働き詰めだった母を見ていたので、ただ漠然と「疲れているのかな」と感じていた程度でした。

けれど今思えば、その言葉の裏には、長年抱え続けてきた深い思いが隠されていたのです。

母は大根を刻みながら静かに話し続けました。

「お母さんはね、自分の納得いく道を歩いていきたい。四十歳からは、自分の人生は自分で切り開いていきたいの」

当時の私にとって、その言葉はまったく現実味がなく、父との離婚を意味していることも理解できませんでした。

ただ、いつも笑顔で、どんな時も私たち娘を大切にしてくれた母が、思い詰めたような横顔をしていたことは覚えています。そして、その声には、自分自身に言い聞かせているような響きがあったことを今になって思い出します。


二人の娘を持つ親として、旧家の嫁として、随分大胆なことを言うものだと思われるかもしれません。それでも母の人生を振り返って、私はこのように思うのです。

二十四歳で嫁いでからずっと、懸命に前田家に尽くしてきた母。朝は誰よりも早く起き、夜は一番遅く床につく。その生活の中で、きっと母は本来の自分を押し殺してきたのでしょう。

しかし正晴との出会いによって、心の奥に眠っていた情熱がよみがえってきたのです。

「私にはまだ何かができるはず。自分がどこまでできるか試してみたい。自由に生きたい！」

自分の立てた志に向かって一途に突き進む生き方。それこそが母の生き方であり、生まれ持った気質だったのです。

まだ、「女は家を守るもの」という価値観が当たり前だった時代。

母はそんな自分を抑え、長い葛藤を経て、「四十歳になったら……」と思い定めて過ごしていた。そう思うと、母なりの決意を持った言葉だったのだと、今改めて振り返ります。

なぜ「四十歳」だったのか。それは、前田家の跡取りである姉・代野子が高校を卒業する年だったからです。

庄屋だった前田家では、長女に「よの子」と命名するのが習わしでした。家がずっと繁栄するよう、「代々続く、野の原の子」という願いを込めて。その代野子が高校を卒業し、前田家を継いでくれれば自分の役目は終わる。母は、そう考えていたようです。

父と母の関係は早くから破綻していて、お互いの気持ちはすっかり離れていました。

母は知的好奇心が旺盛で、「家業に必要だから」と、新潟県で女性として初めて運転免許を取得したような行動力のある女性。一方、跡取りとしてぬくぬくと育てられた穏やかな父。最初から、二人の人生観や考え方には大きなズレがあったのです。しかし、やはり教育者だったからでしょう。両親が喧嘩をしている場面を見たことは一度もありません。母の矜持《きょうじ》と深い愛を感じずにいられません。

❇家を出た母とオロオロする父

「運命の日」は突然訪れました。

姉が高校を卒業した年の春、私が中学三年生の時のこと。

柔らかな日差しが差し込む朝、家事をすませた母は、普段と変わらない様子で外出の支度をし、「ちょっと、市内まで買い物に行ってくるわね」と出かけていきました。いつもと同じ、穏やかな声でした。

今になって思えば、その時、母の瞳にはかつて見たことのない強い光が宿っていたのです。玄関を出る母の背中は、不思議なほど凛としていました。

私たち家族にとっては突然のことでしたが、母にとってはその日、「時が満ちた」のでしょう。母は、ちょうど四十歳になっていました。

その夜は、皆心配しましたが、母は着の身着のままでしたから、翌日には帰って来るだろうと誰もが思っていました。

しかし、夜が明けても連絡もありません。姉と私は近所を探して回り、母の立ち回りそうなところへ問い合わせもしました。それでも、消息はいっこうにわかりませんでした。

でも私は「やっぱりそうか」と、さほど動揺を感じなかったのです。

何事にも一生懸命な母の生き方は理解していましたし、お話ししたように、かねてより家を出たいと告げられていたからです。また普段の両親を見ていれば、母が自分の道を選ぼうとするのは当然だろうとも思いました。

それに母は、いつも惜しみない愛を注いでくれていました。そんな母が、私たちを見捨てるはずはありません。ですから、落ち着いたら、必ず母のほうから連絡があるに違いないと信じていたのです。

一方、父は、「キヨが本当に戻ってこないなんて……」とただオロオロするばかり。いっこうに解決に乗り出そうとはしません。

ある夜、居間に座ったままじっと動かない父の背中に、思わず声をかけました。

「お父さん……」

父はハッとして振り返り、笑顔を作って言いました。

「美紀子は何も心配するな。お前は勉強が一番大事だ」

母の不在中は食事を作ってくれたり、受験生だった私には勉強中におやつを差し入れてくれたり、父なりに何かと気遣ってくれたのを覚えています。

普段から父は本当に優しい人で、私たち娘を心底可愛がってくれました。私も姉も父に叱られたことは一度もありません。ねだれば何でも買ってくれる、甘い父でした。しかし、そんな優しさも母にとっては物足りないものに感じられたのかもしれません。

後から知ったことですが、家を出た母は、弟である勇叔父とは連絡を取り、居場所も知らせていたようです。

実は、勇叔父にも前々から「四十歳になったら家を出ますから」と言っては、なだめられていたとか。連絡をしてきた母に対して、勇叔父は「嫌だから家を出るなどということは世間が許さない。娘たちのこともあるし、いったん戻りなさい」と諭したといいます。しかし母に、もはや迷いはありませんでした。

「もう無理です。今までのように、周囲の言われるままに生きていくことはできません。たとえ世間がどう言おうと、私は、自分の人生を生きていきたいんです！」

まるで駄々をこねるように、そう訴えたといいます。

その言葉どおり、母は頑として帰ろうとしませんでした。

のちに新潟一の規模を誇る宿を立ち上げた「伝説の女将」は、こうやって最初の一歩を踏み出したのです。

窮地で差し伸べられた救いの手

ただ、その道は最初から平坦ではありませんでした。

どのくらい時間が経っていたのか、今はもう記憶があいまいですが、母はいったん連れ戻されます。

本家の嫁が出奔したわけですから、主だった親戚が集まり、親族会議が繰り返されました。当然、家に戻るよう強く説得され、母は大きな非難を受けました。

「家に戻って、前のように暮らすんだ！」

「跡取りの嫁が出て行くなんて、前代未聞だ！」

「子どものことを考えろ！」

前田家の大広間に集まった親戚たちの声が響きます。

「嫁が勝手なことを言うんじゃない！」

「前田の家の恥になるぞ！」

二十年近く、我慢に我慢を重ねて人生を捧げてきたのだから、せめてこれからは自由にさせてもらいたい。そう望んだだけなのに、厳しく叱責され、これからも家に尽くすことを強いられる。その言葉のひとつひとつが、母の心を深くえぐっていったのでしょう。

日に日に痩せ細っていく母の姿は、私の記憶にある笑顔いっぱいのふくよかな母とは別人のようでした。ろくに食事も取れず、夜も眠れなかったようです。時にはストレスで立っていられなくなり、口から泡を吹いて倒れることさえあったといいます。

その頃、私は寄宿舎のある高校へ進学していて休みに帰省する程度だったので、母の苦悩を遠くで見守ることしかできませんでした。また母も、大きな苦しみの中にあっても、私たち姉妹に接する時は不安な顔を見せまいと努めていました。

けれど、そんな母の心の奥底には、誰にも消せない炎が静かに燃えていました。

それは、旅館業を始めるという新しい人生への決意でした。

「私には、どうしても叶えたい夢があるんです」

親族会議の席で、母はようやく口を開きました。震える声でしたが、そこには強い力が宿っていました。

「月岡温泉で旅館を始めたいんです。お客様に心からくつろいでいただける、そんな温かい宿を作りたいんです！」

その時、母の心にあったのが正晴の存在です。

実は数年前から、お互いに惹かれ合っていた二人は、共同で新しい事業を興そうと話を進めていたのでした。

いろいろな業種を検討した結果、これからは観光ブームが来ると予測し、旅館業に白羽の矢を立てたのだといいます。正晴と共に夢を育んできた時間は、母にとってかけがえのない希望の光となっていました。

「命を懸けてでも、この夢は叶えたい」

それが母の思いでした。そこには、嫁としての重圧や世間の目を超えて、新しい人生を切り開こうとする強い決意がありました。そして、正晴との確かな絆がありました。

そんな母の姿を見て、父は思いもよらぬ提案をします。「前田の家も田畑も売って、俺も一緒に旅館を始める」と言い始めたのです。

当主の決断に、親戚たちも黙るしかありません。

農地改革後とはいえ、前田家はかなりの田畑や土地を所有しており、当時の金額で二千五百万円から三千万円にはなったそうです。結局、その土地を売却して、母たちの事業に出資すると決まりました。

ところが、いざ売ろうとすると買い手がつきません。そんな母に救いの手を差し伸べてくれたのが、実家の橋本家を継いでいた勇叔父です。苦しむ母の姿をずっと見ていた勇叔父は、橋本家ですべて買い取ると申し出てくれたのです。

といっても、橋本家に多額の現金があるわけではありません。そこで自宅を抵当に入れ、資金を工面してくれたそうです。後から聞かされたことですが、騒動の渦中、母は勇叔父に、こう吐露したそうです。

「勇、どうして自分の望むように生きられないのだろうね……。たった三日、三日だけでいいの。生まれてきてよかった、この世に生を受けて本当によかったって、心の底から思える日が欲しい。そんな三日間があればどんなにうれしいだろう」と。

気丈な姉が涙する姿を、勇叔父は生涯忘れられなかったそうです。

「あの時の姉さんは、このまま死んでしまうんじゃないかと思うくらい苦しんでいてね。本当に心配したよ」

後年、叔父はこう語ってくれました。

「自分の家を抵当に入れるのは、大きな決断だったよ。でも、あの姉さんを見たら、なんとしても助けずにはいられなかった。もし返せなかったら、がんばって働いて、また家を建てればいい。でも姉さんの命は、二度と取り戻せないからね」

母の思いは勇叔父の心を動かし、その後押しを受けて資金調達のめども立ち、母はようやく念願の起業へと歩みを進めることができたのです。

❇母と正晴の二人三脚がスタート

今でもはっきり覚えています。私が小学生の頃、母と正晴が居間で不動産取引の勉強をしていた真剣な姿を。きっとその頃から、二人は旅館を立ち上げるために準備を重ねていたのでしょう。

日々対話を重ねる中で、お互いの間にあった男女の情は、いつしか「同志」という言葉でしか表せない強い絆へ変わったのではないでしょうか。

「この旅館を必ず成功させよう。二人で」

「ええ。たとえ世間がなんと言おうと、私たちには私たちの信じる道がある」

新しい道を切り開こうとする母をパートナーとして支えた正晴。

正晴も資金集めのために、親戚の家を一軒一軒訪ね歩き、時には深夜まで頭を下げて回りました。母もまた、寝る間も惜しんで準備に没頭しました。夜中まで事業計画書とにらめっこし、旅館経営の本を読み漁る。そんな日々が続いたようです。

もはや後には引けない覚悟で進む母と正晴。そこにあったのは、単なる野心や功名心ではなく、人生を懸けて成し遂げたいと決めてきた二人の「魂の約束」だったのかもしれません。

この世を去るまで共に走り抜けた二人三脚の旅館経営が、この時から始まります。

後日談になりますが、当初、共同出資者として旅館を手伝っていた父は、しばらくして完全に手を引くことになります。

手伝うといっても、そもそもお坊ちゃま気質で育っていますから、周囲が身を粉にして働いていても、本人はのんびり構えています。尊敬していた正晴が諭しても、父の態度は変わりませんでした。

前田茂・キヨ・飯田正晴
不思議な縁でつながっていた三人

そしてある日、父は突然こう言い出したのです。

「やっぱり俺はやめる。俺が出した金は返してくれ」

旅館建設で資金を使い果たしていた母たちは言葉を失いましたが、今度は正晴が自分の家屋敷を抵当に入れて金策しました。こうして出資金は父に戻り、二十年に及ぶ二人の結婚生活も正式に終わりを告げ、母と父は公私共に別の道を歩くことになったのです。

わずか八室でスタートした「泉慶」

昭和四十二年十月、母四十二歳の秋空の下。月岡温泉の一角に「泉慶」の看板が静かに掲げられました。

「これが、私の新しい人生の始まり……」

朝もやの中、母は一人、目頭が熱くなるのをこらえながら、看板を見ていたそうです。

「温泉に入って、お客様に慶《よろこ》んでいただきたい」

その願いを込めて選んだ「泉慶」の文字。どれほどの夜を重ねて、この日を思い描いてきたことか。木造二階建、客室わずか八室に中広間一間。世間から見れば、どこにでもあるような小さな宿だったかもしれません。しかし母にとってはまさに夢の結晶、人生を懸けた「城」でした。

田畑を売る時、母は、田んぼの一部と家屋敷は残そうと思っていたそうです。しかし、ある親戚に覚悟の甘さを指摘され、「いい加減な気持ちなら、やめろ！」と叱られました。その言葉は、母の心に深く突き刺さりました。母はすぐに、残していた土地と家のすべてを手放します。

「これで、もう後戻りはできない。この宿を、必ず成功させてみせる。お客様の心に残る温かい宿を作り上げる」

文字どおり、裸一貫になった母は言いました。新しい人生への船出。命がけの挑戦の始まりでした。


なぜ、旅館業を選んだのか。どうやって開業にこぎつけたのか。母は後年、ある雑誌の取材で、次のように答えています。創業の経緯や当時の心情を、母自身の言葉でお伝えしましょう。

――なぜ旅館を始めようとお考えになったんですか。

橋本　やっぱり、このままで終わりたくなかった。もう歳も四十を超えて、自分の人生これでいいのかって。どんなにがんばっても貧乏から抜け出せませんし、夢も持てません。それで、なんとかしなきゃって思ったんです。

（中略）田畑・屋敷を売って商売をしようと決心し、親族会議を開いたんですよ。すると十一代続いた家を潰すのかって、そりゃもう、叱られましたよ。それでも、どうしてもやらせてくれって頼んだんです。（中略）ただ私は最初、田んぼを一町、家屋敷も残そうと思っていた。そうしたら、親戚代表の高橋さんは怒りましたよ。

「お前、失敗したら帰ってくるつもりなのか、そんないい加減な気持ちなら、やめれ！」って。それで気持ちがふん切れました。死んだ気でやってやろうと思いました。昭和四十二年のことです。

――いざとなると、女性のほうが大胆になるんですよね。

橋本　今考えると、ただ楽天的なだけかもしれませんね。努力すれば報われるって信じているのかもしれません。

――他の商売でなく、旅館をやろうと思ったわけは何ですか。

橋本　どうせやるなら大きな夢を持ってやりたかったんです。はじめは病院も考えましたが、自分が医者ではないので、いろいろ難しい面がありました。

ある時、県外の大きな温泉地を見ました。そうすると日本国中から観光客を乗せたバスが集まっているんです。そうだ、旅館ならサービスがよければ、日本国中から人が来てくれると考えたんです。

田畑・家屋敷を売って丸裸になって、二千七百万円くらいだったかしら。このお金を元手にして日本国中を相手にできるのは旅館しかないと思ったわけです。サービス、おもてなしですね。これに徹すれば、お客様の喜ぶ顔が見られるんですよ。

やればやっただけ、すぐに反応がわかるんです。

――では、場所は月岡温泉でなくてもよかったんですね。

橋本　あちこち見ましたね。自分なりに研究したんです。近郷の温泉地では、芸妓さんの数が少しずつ減っていたのに、月岡は増えていました。当時、月岡温泉はまだ湯治場でした。けれども将来は必ず伸びると思ったんです。決めたら、あとは夢中ですよ。一生懸命やってきて、気がついたらね、こんなになっていました。

月岡温泉は、大正四年に開湯。石油を採掘している時に偶然温泉が出てきたことから、湯治場として発展したそうです。

昭和の頃は、硫黄の香りの包まれた街に旅館や飲食店、お土産屋が並び、夕方になると芸妓が行き交う情緒あふれた温泉郷でした。

母によると、「たまたま縁があって土地を求めた」のが月岡温泉だったといいます。

不惑を過ぎて新しい道へと歩み始めた母ですが、旅館業は、素人が参入してすぐに成功できるほど甘くはありません。その挑戦が報われるまでには、いくつもの困難がありました。

それでも母は、持ち前の機転と行動力を駆使して、宿を成功させるために一心に突き進んでまいります。素人女将の奮闘の様子は、次章でお話しいたしましょう。

第二章

名もなき宿だが

二度の水害を免れる幸運

今、泉慶・華鳳は、お陰様で「別邸 越の里」も合わせて収容人数千四百人、新潟一の規模を誇っております。しかし、もし一歩間違っていたら、苦労して資金を集めたとはいえ、計画どおりに創業できなかった可能性があるのです。

月岡の空が鉛色に沈んだあの夏の日を、私は今でも鮮明に覚えております。

昭和四十二年、旅館を建てるという母の夢がまさに形になろうとしていた矢先、月岡は大きな水害に見舞われました。月岡温泉一帯に流れる加治川が氾濫。この川の河川敷を埋め立てて整備された月岡では、ほとんどの旅館や家屋が被害を受けたのです。

三百坪ほどだった泉慶の建設予定地も、ちょうど埋立地にあたっておりました。そこに建築を始めるにあたり、正晴は最初に「土台を高く」と指示しました。まさか、のちに水害が襲うとは予想もしていなかったと思います。しかし、一種の動物的勘が働いたのでしょうか。まず土台作りに力を入れたのです。

とはいえ、土台を高くするには、大変な費用がかかります。それに、土台は外からは見えません。これから宿を始めるのですから、お客様から見える外装や内装を充実させたいところです。土台にお金をかけるという発想は、普通は浮かばないでしょう。

借金でなんとかスタートした旅館ですので、周囲からもかなり反対されたようです。ところが、「なぜ、そんなに土台にこだわるんだ。半分の高さでも十分ではないか」と何度言われても、正晴は頑として聞かず、高い土台を築きました。

そして、ようやくできた土台に木材などの資材がすべて積み上げられた直後、水害が起きたのです。

月岡一帯は、みるみるうちに加治川の濁流に飲みこまれていきました。ほとんどの旅館や家屋が被害を受ける中、泉慶の建設予定地に積まれた資材は、高い土台の上で危うく水を逃れたのです。

のちに現場を確認した時、私はぞっとしました。濁流の跡は、土台のわずか数センチ下に刻まれていたのです。あと十センチ低ければ、母の夢は文字どおり流されていたでしょう。土台を高くしておいたのは、泉慶のスタートにとって大変幸運なことでした。資材がそっくり残りましたから、水害の後に、いち早く泉慶を立ち上げることができたのです。

それにしても、飯田正晴という人は、常識では計り知れない不思議な力を持っていたように思います。性格はかなり潔癖で、先にも申し上げたとおり正義感が強く、人をだましたり陥れたりすることは一切ありませんでした。また、先見の明もあったのでしょう。

大水害の被害を免れ、幸先よく泉慶をスタートできたのは、母・キヨと正晴のコンビが天運も味方にしたのではないかと、今にして思うのです。

空室の続いた創業当初

水害を無事乗り切った泉慶ですが、順調な船出だったわけではありません。開業から数か月、水害の危機こそ乗り越えたものの、思うようにお客様が来ない日々が続いたのです。

母は、窓から見える他の旅館の賑やかな灯りを眺めては溜息をつくばかり。目が回るような忙しさだった開業直後とは打って変わり、重苦しい空気が館内を包んでいました。

私も学校が休みの日は手伝い、台所には縁のなかった正晴までが皿洗いを引き受け、関係者総出で働きましたが状況は変わらず、借金の重みは日に日に増すばかり。

ズブの素人が無我夢中で始めた旅館でしたから、集客の方法もわかりません。親戚や昔からの知り合い、母の教員時代の同僚に声をかけても、結果が表れませんでした。

「一人もお客様が来てくれない。どうすればいいのか……」

知り合いに「旅館はどうだね」と聞かれ、いつもの強気な母が「人間のやることではないね」としみじみ答えたのは、この頃のことです。

創業当初から経営を手伝っていた勇叔父の話では、どうにも打つ手がなくなり、母と二人で夜通し相談することも多かったそうです。しかし結論は出ず、行き詰まって、ただぼんやりと夜明けを迎える日が続きました。

しかし不思議なことに、朝日を見ると母も叔父も元気を取り戻したといいます。

「朝の太陽というのは本当に不思議なものだ」と、勇叔父は後年よくそう振り返っていました。

三方よしの集客作戦

しかし、ここであきらめてしまう母ではありません。お客様にお越しいただくために母が声をかけたのは、タクシーの運転手さんでした。

この頃の月岡では夜九時にはどの宿も玄関を締めておりましたので、それ以降、タクシーはお客様の宿を求めて走り回っていました。

その話を知った母は、「これだ！」と思ったようです。

「うちは夜十時でも、真夜中でもお受けしますから、そういうお客さんをどんどん連れてきてください」と言い広めたのです。

それからというもの、母はいつお客様が来てもお迎えができるよう、夜も着物を着たまま横になって休むようになりました。そしてタクシーが到着すると、母は心付けを包んで運転手に渡し、お客様を笑顔で案内します。

ビジネスホテルの少なかった当時、新潟市内から車で一時間もかけて月岡温泉までお客様を運ぶタクシーの運転手。心付けという副収入も得られ、お客様は遅くても宿に泊まれる。泉慶もお客様をお迎えできる。この作戦は、まさに三方よしだったのです。

旅館を手伝っていた私が、お客様が一人もいない日に早めに上がっても、翌朝には満館になっていることがしばしばありました。そして母は、遅く着いたお客様におにぎりを握って出すなど、心のこもったおもてなしを欠かしませんでした。


そうしたお客様がリピーターとなり、また口コミで広めてくださる。少しずつですが、確実にお客様は増えていきました。

三人、四人、時には五、六人のグループがいらっしゃると、母と手を取り合って喜んだものです。母が二十四時間、着物姿で過ごす日々は、その後も五、六年は続いたように記憶しています。

お客様に喜んでいただくための増改築

開業して一年半ほど経った頃、お客様から言われた何気ない言葉が母の心を動かします。実は、そのひと言こそが、その後の目まぐるしい増改築へとつながり、宿の大きな発展の元となるのです。

当時の思い出を、平成四年の「茨木県ＪＡ婦人部」での講演で、母自身が語っておりますのでご紹介いたしましょう。

お客様から、「女将、何でこんなに（宿を）大きくしたの？」と聞かれることがございます。

実はそれにはわけがありました。商売を始めて一年半くらい経った頃、創業の時からご贔屓《ひいき》にしていただいておりましたお客様から、こんなことを言われました。

「女将、今日も同じ部屋かね。いつも同じ部屋に通されると飽きてくるよ。もうちょっといい部屋を、二室か三室でいいから造ってみたらどうかね。そうしたら、お客も喜ぶと思うよ」

なるほど、いいお話をお聞きしたと思いました。素人で始めた私には、その日その日を精一杯がんばることしか考えていなかったのです。これから先もお客様に喜んでいただくには、いろいろなところに気配りをしなければならないと思いました。


さて、さっそく増築をしようと設計にかかりました。しかし、なにしろ始めて一年半ちょっとですので、資金もありません。それでもようやく一年半後に、客室三室を増築しました。今度は十畳と六畳の二間続きで、お部屋の内装も一室ずつ変えてみました。お客様はたいそう喜ばれましてね。

「女将、よくなったね。また来る楽しみが増えたよ。こんないいところを造ったので、今度は友達にも紹介してやるよ」と笑顔で言ってくださったのです。こんなに喜んでくださるなら、また増築しようと思いました。

次は三年後、客室三室に百畳の大広間と大浴場を大きく増築しました。その落成祝の時に、最初のひと言をおっしゃったお客様が、本当に喜んでくださいました。

「今度は五十人、七十人の大きな会でも大丈夫だね。ますます楽しみが増えましたね」

その頃は、まだ月岡温泉には百畳の広間はどこの宿にもございませんでしたから、皆様から積極的なご利用をいただきました。

不思議なもので、工事が終わりますと、またじっとしていられなくなります。また一年をかけてじっくり設計に入り、三度目の増改築です。今度はロビー玄関と客室十四室、初めて鉄筋コンクリート三階建の「弥生亭」を増築しました。

工事をすることがクセになったようで、もう止まりません。この次はどうしたらお客様に喜んでいただけるか、それはかりを考えるようになりました。

三年ごとに増改築を繰り返したわけ

泉慶はその後も、ほぼ三年ごとに増改築を繰り返していきました。

巨大旅館にする野望があったからだと言われることもありますが、母にそんな大それた気持ちはありませんでした。

「目先の変わった部屋がいい」というご要望に応じて改築すると、お客様は家族や同僚を連れて来てくださる。今度は大人数での宴会をしたいと言われ、大宴会場を増築する。そんなふうに続けているうちに、いつの間にか三年ごとに新施設ができるという流れができていったのです。

「お客様の喜ぶ顔が見たい」「お客様に、泉慶を愛し何度も通っていただきたい」。ただそれだけが母の願いだったのです。

二人三脚で堅実に歩む

泉慶は、一見すると矢継ぎ早に拡張していったように見えるかもしれません。しかし実際は、石垣をひとつひとつ丁寧に積み上げるように、慎重に進めておりました。

常にお客様の動向を細かく見つめ、資金調達や社会状況を緻密に検討する。そして「これなら大丈夫、行ける」と確信できた時だけ、一気呵成《いっきかせい》に工事を進める。それが、母と正晴のやり方でした。

三階建の「弥生亭」を建設した時のこと。骨組みこそ三階まで造ったものの、内装は二階の宴会場でいったん止めました。ですから外観は、屋上に鉄筋の柱だけが突き出た、いかにも工事中という姿です。それでは見栄えが悪いので、母たちは、柱をコンクリートで囲って覆うよう指示しました。こうすれば、外からは三階にも部屋があるように見えます。

その後、採算の見通しが立った時点で三階の工事に着手し、客室を増築。すべてが完成したのは、オープンから一年後の昭和五十一年でした。


このように、今できることを優先し、状況を冷静に判断しながら進めるが二人のやり方でした。そして工事が終わると、すぐに「これも造ってみたい」「あそこはどんなふうにしよう」と、次の計画が膨らんでいくのでした。


ただ、二人の気性には大きな違いがありました。

母は土地を求めたり工事をしたりすることが大好きでした。お客様に喜ばれる部屋造りを考えているので、計画を立てると、とにかくすぐに突っ走る。改築を思い立てば、明日にでも工事を始めたい勢いです。

どんなによい料理や心のこもったサービスを心がけても、いつも同じ部屋、同じ施設ではお客様は飽きてしまいます。特に常連のお客様のご意見を母は大事にしていました。

「こんな部屋が欲しい」

「こうやって増改築したほうが使い勝手がいい」

お客様のそんな声を聞くたびに、母の心は次の工事へと走り出していたのです。

❈情熱的な母と冷静な正晴

母が新しい計画を熱心に語り出すと、正晴は必ず「少し待て」と制します。資金面や社会情勢などを検討して、時期を待つように諭すのです。母の手綱を握って操ることができたのは、正晴ただ一人でした。

正晴は常に、物事を順序立てて考える慎重な性格でした。

借地に建てるという発想はなく、増築する時はまず土地を確保。購入の際には土地の成り立ちや地形まで調べ上げ、設計も細部まできちんと決めてから工事に取りかかります。いかにいい計画でも、時期を見誤れば失敗に終わります。だから社会状況や客足を見極めてから動きます。

理想に向かって突き進む母と、盤石な地盤を固めて進む慎重派の正晴。二人の才能が巧みに組み合わさって、宿は作られていったのです。

とはいえ、なかなか工事にかかろうとしない正晴に、母はだんだんじれてきます。そんな時、母は正晴を一、二泊の旅行に誘い出すのが常でした。

いつもは仕事に追われ、ゆっくり会話を交わすことさえままならない日々。しかし旅に出れば、すべてが二人の時間になります。母はその機会を利用して「素の自分」に戻り、普段忙しくて構ってやれない正晴とゆっくりと過ごすのです。

時には、芸者衆を呼んでお酒を飲み、正晴の機嫌をよくさせたところで、さりげなく仕事の話を持ち出します。すると正晴は「よし、わかった。それで進めよう」と納得し、旅行から帰る頃にはおおよその計画が決まっているのでした。

旅館内では、事務室であっても、資金繰りや建物の増改築の方向性など、くわしい話はできません。やはり二人で膝を突き合わせて、ひと晩なりふた晩なりじっくりと話し合う時間があってこそ、新しい方針が決まっていったのだと思います。

このような旅の時間は、二人の貴重な憩いのひと時ともなっていたようです。

「お母さん」と慕われた女将

私は英語教師になることを夢見ていましたが、高校卒業後、母の勧めで「商いの読み書き算盤《そろばん》」を学ぶため都内の短大に進学しました。

しかし旅館の人手不足から卒業を目前にして、家に戻ることを決意。母の力になれればと、創業二年目から手伝い始めました。

とはいえ、二十代の遊び盛り。予約電話の応対をこなすのが精一杯で、お客様の接待や従業員の管理に目を配る気持ちもゆとりもまったくありませんでした。

若かったこともあり、最初のうちは宴席で酔ったお客様を冷めた目で見ていましたが、母のもとで働くうちに、そんなお客様こそ大切にしなければならないと気づかされました。

そうやって楽しく過ごしていただけるからこそリピーターとなり、ご家族や会社の方々を連れて再びお越しくださるのです。

どんなお客様にも笑顔で接し、親身になって話を聴いていた母は、いつしか常連の方たちから「お母さん」と呼ばれるようになっていました。

「お母さんに会いに来たよ」

「お母さんの顔を見に来たよ」

そう言ってお越しくださる方が増え、時には、

「ちょっと話を聞いてよ」

と相談を持ちこまれることもありました。お客様思いで人生経験が豊富だった母は、皆さんのよき相談相手だったのでしょう。

後々まで、「昔、お母さんからもらったアドバイスが心の支えになっている」「あの時は、助言をもらえて助かったんだ」と言っていただいたものでした。

❈お客様を魅了した母の歌

母には、お客様を魅了する特技がありました。若い頃に声楽を学んだ経験を活かし、澄んだソプラノで独唱するのです。

まだカラオケもない時代、宴会の挨拶に伺うと必ず「いつものを歌って」とリクエストされ、母も笑顔で『佐渡おけさ』や『十日町小町』などの民謡を披露していました。

母の張りのある声が響き渡ると、お客様は拍手喝采、手拍子を打って共に楽しみ、宴会は一気に盛り上がったものです。

その歌声を楽しみにされていた方は本当に多く、母亡き後も「あの歌が忘れられない」と懐かしんでくださるご常連様が何人もいらっしゃいました。サービス精神が旺盛でしたから、お客様に喜んでいただくために、できることなら何でもしたいと一生懸命だった母の姿が偲《しの》ばれます。

泉慶を手伝い始めたころの著者（飯田美紀子）と
橋本キヨ（昭和四十五年）

しかし、そんな母の人気を、正晴は複雑な思いで見ていたのかもしれません。

以前、家族同様に親しくしていた常連のお客様が、苦笑いを浮かべながらこんな話をしてくださいました。

「女将と親しいことに甘えて騒いでいたら、気がつくと正晴さんが怖い顔をして女将の後ろに座っていてね。『こんな遅くまで大騒ぎして、他の座敷に迷惑だろう!』って叱られましたよ」

正晴がそうした態度を取ったのは、このような宴会は現金払いではなく「売り掛け」になることが多く、それも原因だったようです。

創業間もない頃は、このようなことで母と正晴の言い合いになることがしばしばあり、まるで芝居の一場面のような展開になることもあったとか。経営を支えてくれていた勇叔父を呼んで仲裁に入ってもらうこともあったと聞きます。

しかし、そんな出来事も含めて、二人は信頼し合うパートナーであることに変わりはありませんでした。

初めて、団体バスをお迎えする

そうやって真心の接客を続け、規模を大きくするうち、泉慶にとって記念すべき日が訪れます。

開業から十年目の昭和五十二年、待ちに待った朗報、群馬県からバス二台の団体予約が入ったのです。宿を立ち上げた時からの母の悲願でもあり、私も母も従業員も、皆興奮に沸き立ちました。

その日、玄関先に立つ母の背筋が、いつになく緊張でまっすぐに伸びていました。巨大な観光バスが二台、月岡の細い道を曲がり、ゆっくりと泉慶の玄関前に滑り込んでくる。その姿を見た瞬間、母の目に光るものがありました。

母の苦労をそばで見ていた私も、当時の感動を懐かしく思い出します。

十年前、伝統ある月岡温泉郷で、海のものとも山のものともわからない新参者として営業を始めた泉慶が、ようやく団体客を受け入れられるまでになった。地盤も人脈も資金もない中で、生き残りを懸けて毎日必死で働き続け、ようやく夢見た日を迎えられた……。それは、何物にも代えがたい喜びでした。

お見送りの時、母は涙を流しながら、バスが見えなくなるまで手を振り続けていました。「あの時のうれしさは、とても言葉では言い表せないわ」と後々まで語っていたものです。

しかし、素人ゆえの笑い話もあります。

私どもはそれまで団体客を迎えた経験はなく、ましてエージェント（旅行会社）とのつきあいもありません。すべて添乗員の方に教えられながら、時には、宿が書くべき書類も代わりに書いていただきながら、どうにか対応していたのでした。

今思い返しますと、まったく人様に聞かせられない話です。

十年経って事業が軌道に乗り、母はようやく自分の思い描いたサービスを実現したという手応えに、充実感を覚えていたのではないでしょうか。

当時の母の様子について、昭和五十二年に入社した泉慶の木村正一常務は、こんなことを語っています。

私は学生時代に泉慶でアルバイトをしていたのですが、今でも強く印象に残っていることがあります。

午後十一時頃に仕事が終わり、従業員の寝室に戻ろうとした時のことです。先代の女将も仕事を終え、こちらに歩いてくるのが見えました。

女将も一日働き詰めだったというのに、とても楽しそうでニコニコしています。今にも鼻歌を歌い出しそうな雰囲気で、軽やかな足取りでした。多分、誰よりも遅くまで仕事をして、最後に食事しにいくところだったと思います。

私に気づいた女将は、「あら、木村くん、ご苦労様」とねぎらいの言葉をかけて通り過ぎていきました。普段の女将は、私たち従業員には優しくもあり、また非常に厳しくもありました。それだけ仕事に対して真剣な方でしたが、夜中近くまで働いて、こんな機嫌のいい表情でいられるとは……。

若かった私は、仕事とは、旅館業とは、そんなに楽しいものなのかと思いました。

実は、その頃の私は、卒業後には別の進路に進もうと考えていました。それなりによい待遇で働かせていただいていたのですが、当時は今より酔ったお客様も多く、激務の旅館業は自分には無理だと思っていたのです。しかし、この出来事が大きなきっかけとなり、入社を決めました。

「名もなき宿」の県外進出

この頃から、母は新たな挑戦として県外進出にチャレンジし始めました。

営業部隊を全国に派遣し、自らも第一線に立って、見ず知らずの土地で月岡温泉の魅力を伝え始めたのです。

しかし、その道のりは想像以上に険しいものでした。

「月岡温泉？　新潟にそんな温泉地があるの？」

「泉慶って、聞いたことないな。どこの旅館？」

営業に出た者たちは、そんな反応に肩を落としました。

今では全国から多くのお客様にお越しいただいている泉慶・華鳳も、昭和の時代はまだまだ無名。まずは、月岡温泉の名を知ってもらうところから、始めなければならなかったのです。

そんな逆風の中で、母が常に胸に抱いていた言葉があります。

「**名もなき宿だが　味と情で客は鈴なり**」

「はじめに」でもご紹介したこの言葉こそが、母の心の支えでした。

たとえ今は無名の宿でも、真心を込めた味とおもてなしがあれば、必ずお客様は遠くからでも来てくださる……。

そう言い続けた母の信念がこの言葉に凝縮されているように思います。

母はその信念を胸に、どんなに困難な状況でも決してあきらめることなく、ただひたすらに前を向いて歩み続けました。

今、華鳳の廊下を歩いていると、ふと懐かしい温もりに包まれることがあります。それは、きっと母が注ぎこんだ情熱が今も確かな灯火となって、この宿のそこかしこに息づいているからでしょう。

ハワイ旅行で交わされた密談

団体バスを初めて迎えた年の春、母は、正晴とその妻トシと共に、三人でハワイ旅行に出かけました。

当時、正晴は泉慶の特別室で母と起居を共にしておりましたが、二人とトシの関係は、不思議と自然なものとして受けとめられていました。この頃の母と正晴は、法人化したばかりの株式会社ホテル泉慶の経営に心血を注ぐ日々。男女の仲を超えて、お互いを支え合う関係だったように思います。

母が五十二歳、正晴が六十六歳。経営も軌道に乗ったその時期、三人そろってハワイで休日を過ごそうと出かけたのだと、周囲は何の違和感もなく思っておりました。

ところがこの旅行は、急成長を遂げた宿の将来に思いをめぐらせながら計画されたものでした。ハワイでは、三人の間でいろいろな相談が交わされたようなのです。

その頃はまだ海外旅行が珍しかった時代。三人とも英語が話せませんから、大変な珍道中だったとか。

母から聞いた土産話ですが、ビールのつまみに「バターピーナッツ」なら日本語でも通じると思い、正晴は「バタピーを持ってこい」と真顔で注文し、若いボーイさんを面食らわせたと言います。

白い砂浜が広がるワイキキビーチ。三人は並んでビーチチェアに腰かけ、目の前に広がる青い海を見ながら、ゆっくりと言葉を交わしたそうです。具体的な内容は知る由もありませんが、帰国後に少しずつ明らかになった話から、その会話の核心が見えてまいりました。

三人の話題の中心は、泉慶の将来像。特に後継者の問題でした。

白羽の矢が立ったのは、正晴の三男である浩三と、この私でした。当時、私は姉と二人でフロントの受付や電話対応、玄関でのお客様のお迎えなど、忙しく働いていました。しかし姉は結婚しておりましたので、私にお鉢が回ってきたわけです。潮風に吹かれながら、こんな会話が交わされたのではないでしょうか。

「今はまだ私たちも若いし、体力もある。でも十年後、二十年後を考えると、確かな後継者が必要だわ」

「浩三と美紀子を結婚させるのが一番だ。二人なら泉慶を立派に育ててくれるはずだ」

「そのとおりね。浩三が一人前の経営者に育つまでは、少なくとも十年はかかる。今から手を打たなければ」

母と正晴が二人三脚で築き上げた泉慶を、正晴の息子と母の娘が受け継ぐことで、飯田、橋本の両家が末永く栄えていく——。そんな願いを胸に、母は美しい海を眺めていたのかもしれません。

ハワイの風に吹かれて（左から飯田トシ・正晴・橋本キヨ）

❋お見合いから恋愛、そして結婚へ

実は、そんな思惑はハワイ旅行の前からすでに固まっていたようです。出発前、母は「帰国する日は、羽田に迎えに来るように」と私に言い残していました。後でわかったことですが、正晴も息子の浩三に、羽田まで来るよう伝えていたのです。

当日、空港のロビーで待っていると母たち三人の姿が見え、間もなく浩三も現れました。レストランで五人が顔を合わせ、正晴がゆっくり切り出しました。

「二人に話があって、今日は来てもらったんだ」

これが、私と浩三の正式なお見合いでした。

当時、私は二十六歳。飯田家とは家族ぐるみのつきあいをしていたので、六歳上の浩三とは面識がありました。でも、まさか母たちが、二人を結婚させようと考えていたとは……。

驚きながらも、お互いの身上も性格もわかっていたので動揺はなく、心が落ち着いていたのを覚えています。

私自身、正晴と母が戦友として苦労してきた姿を近くで見ておりましたし、母を助けて家業を盛り立てたいと思っていましたので、むしろ「ああ、いいお話だなぁ、やはり縁なのかな」と自然な形で受けとめました。

その後、おつきあいする中で自然に恋愛感情へと発展し、昭和五十三年、飯田浩三と結婚することとなったのです。

浩三は、東京の国際協力事業団(現在の独立行政法人国際協力機構)に勤め、青年海外協力隊の仕事をしておりました。

婚約時代に私が上京した折、食事に連れて行ってくれたことがあります。すると、店の方が「昨日はどうもありがとうございました」と浩三に挨拶をするのです。不思議に思い尋ねてみると、なんと前日も女性と来ていたとのこと。「別のお店を選べばいいのに」と呆れましたが、その飾らない性格や悪びれない様子に、かえって魅力を感じたのでした。

❇のちの社長も、最初は下足番から

結婚と同時に、浩三は泉慶へ入社しました。海外協力活動に従事していた彼にとって、「お酒一本いくら」から始まる旅館の商売は、まるで異世界だったことでしょう。

当然ながら、何をすればいいのか、浩三には勝手がわかりません。また、お迎えしたお客様が部屋に入ると、あとは女性の仕事ですから手持ち無沙汰になります。そこで浩三の目に留まったのが、下足番です。ところが慣れないものですから、たびたびお客様の靴を間違えます。

「俺の靴がない！　まだ下ろしたてなんだぞ」

お客様の靴を間違えるたびに平謝りを繰り返した浩三は、ついに奇策を思いつきます。自腹でサイズ違いの新しい靴をいくつも買い揃え、文句を言われたら、すかさず差し出すようになったのです。

新品の靴が出てくれれば、怒りも収まるというもの。
この経験が、後に「靴を脱ぐから面倒なんだ」ということになり、靴のまま上がれるじゅうたんの床に変えるきっかけとなりました。初めは汚れが目立つかと思いましたが、意外に泥が持ちこまれることもなく、帰り際の混乱も解消して、宿としてのイメージアップにもつながったように思います。

そういった具合で、最初は戸惑った浩三でしたが、すぐに、泉慶の「外交役」として手腕を発揮し始めます。

アフリカで何十人もの隊員を率いた彼は、もともと親分肌で男気のある性格です。月岡の街で夜な夜な、旅館の主や芸者衆のご主人たちと親交を深め、いつの間にか若手のリーダー的な存在になっていきました。

一方、正晴はそのような仲間づきあいを好まない性格でした。ですから、浩三がいたことで、泉慶は月岡温泉の皆様とより深くつながっていけたのです。

のちに浩三が音頭を取り、月岡温泉郷の歴史を残す冊子を作るまでになります。さらに、社長を継いだ後は、銀行勤めをしていた友人の塚野氏を財務担当として迎え、正晴に代わって新たな体制で経営を支えていくことになるのです。

時代の追い風に乗って

昭和五十七年、待望の上越新幹線が開通し、泉慶にも新しい風が吹き始めました。二時間強で首都圏と結ばれた新潟は、週末観光地として大きな注目を集めます。折しも、景気も上向き始めた頃でした。

泉慶では翌々年、「松泉閣」に大浴場を増築し、豪華なコンベンションホール「万葉」も完成。

母は、その広々とした三百名収容のホールを愛おしそうに見つめていました。

「これでまた、お客様に喜んでいただけるわ」

その言葉には、確かな手応えと期待が込められていました。

上越新幹線開通から三年後の昭和六十年には、関越自動車道が全線開通。世はモータリゼーションの時代。全国へ網を広げた高速道路によって、関西・北陸方面からのアクセスも急速によくなり、バス旅行もマイカー旅行も増加します。

創業から十八年間、増改築を繰り返した泉慶は、収容人数四百五十名を誇る宿に成長しておりました。

フロントに立つ私たちを見守る母の姿が、今でも鮮やかによみがえります。

背筋を伸ばし、着物姿で颯爽と歩く後ろ姿。きびきびとした指示の声。そして何より、お客様への深い愛情に満ちた眼差し。

「フロントのスタッフは泉慶の顔ですよ。『対応は迅速に平等に』を心がけてくださ い。笑顔で気を張って、お客様をお待たせすることのないように。みんなで協力してくださいね」

母の言葉には、いつも温かな励ましが含まれていました。

ハイシーズンになると、団体バスが何台も到着し、フロントは大混雑。

ベテランの客室係があわただしく行き交う中、母はいつも冷静でした。

「○○さん、あちらのお客様をお願い」

「△△さん、こちらのお客様のお荷物を」

母が的確に指示を飛ばすと、まるでからまった糸がするすると解けていくように、混雑が収まっていくのです。

お客様の表情を読み取る目は実に的確で、その気配りは、はたで見ていても見事そのもの。母は、お客様の一挙手一投足を読んで、今何を望んでいらっしゃるのかを瞬時に汲み取っておりました。

時には厳しい注意もありましたが、それはすべて「お客様の心地よさ」を願ってのこと。その思いは、スタッフ全員に確かに伝わっていました。

「美紀子、私はお客様の笑顔が何よりうれしいんですよ」

そう語る母の瞳は、いつも輝いていました。

今、私も女将として立つ時、母から学んだものの大きさを痛感します。おもてなしの心、隅々まで目を配り、人を思いやる優しさ。そして何より、妥協を許さない姿勢と仕事への限りない愛情……。

母は、私に対して教訓めいたことを言ったことがありません。その背中が、私にとって最高の教科書でした。

お客様の心の汲み方、お客様への接し方などの極意を母の後ろ姿から自然に教えられ、身につけてこられたことは幸せなことだったと、今になって痛感し、感謝しております。

母が伝えたサービスの心

前述の木村常務は、こんなことを語っています。

先代の女将はいつも、女性なら「お姫様」、男性は「お殿様」と思って接していたのではないかと思います。すべてのお客様に対して、ちょっとオーバーリアクション気味に、最大限の気持ちを込めて、歓迎や感謝の言葉を伝えるのです。

「いらっしゃいませ」「お帰りなさい」と満面の笑顔で迎えられ、「ありがとうございました」「いってらっしゃいませ」と心からの感謝で送り出されるのですから、うれしくない方はいらっしゃいません。

だから、「女将に会いたい、話がしたい」と、リピーターになってくださるお客様が本当に多くいらっしゃいました。

私どもは月岡温泉では後発でしたから、早く多くの方に愛していただける宿になれるよう、毎日懸命に働いていました。その先頭に立つ女将は、どうすればお客様が喜んで「また来たい」と思ってくださるかを必死で考えていたのだと思います。

その中で、施設や食事を充実させるのはもちろんのこと、よそ様の何倍もお客様に尽くすしかない。よそ様が一度頭を下げるのであれば、自分たちは二度三度と下げて思いを伝えるのだ。

そう決めて、よいサービスを提供することでお客様に楽しんでいただけるように徹し、また従業員にもそれを徹底して教えたのでした。

❇どんな時もおおらかに、ほがらかに

もう何十年も前のことですが、こんな思い出話があります。

母は、お客様から手土産のお菓子などをよく頂戴していました。そういったお菓子は事務所でも頂きましたが、母はよく「おいしいものは分け合うのが一番よ」と、他のお客様におすそ分けしたり、別のお客様へのお返しに添えたりしておりました。その心遣いが、また新たな縁を紡いでいくのです。

ある日のこと。母がいつものように、いただいたお菓子を「昨日はお土産をありがとうございました。おいしゅうございました。こちら、ほんの気持ちですが」と、あるお客様のお帰りの際にお渡しししたのです。

するとお客様は、そのお菓子を見て怪訝《けげん》な顔をなさり、「あら、これは昨日、私が渡したお菓子ですよ」とおっしゃいました。

普通なら慌てふためくような場面です。

しかし母はまったく動じる様子もなく、むしろ楽しそうに「まあ、恥ずかしい

わ！　アハハハ」と、ほがらかな声で笑いました。その豪快な笑い声に、お客様も私たちも思わず吹き出してしまい、気分を害されることなくお帰りになりました。

母の笑顔には、出会う人の心を和ませる不思議な力がありました。

私はその光景を見て、母の人間力を改めて感じたものです。

日頃の母は、常に女将としての威厳と誇りを持っていました。けれども、それを振りかざすことなく、時にはお客様と同じ目線で笑い合える。自分のミスを包み隠さず認めて、笑い飛ばせる。完璧を求めすぎず、どんな時も誠実に人と向き合う。そのおおらかさや温かさこそが、母の魅力だったのかもしれません。

今思えば、母にとって泉慶は、単なる仕事場ではありませんでした。お客様の笑顔のために心を砕き、一瞬一瞬を大切に生きる。まさに人生そのものだったのでしょう。そんな母の姿から、真の女将像を学んだように思います。

第三章　新しい源泉と華やぎの館

好景気で旅行ブームが到来

昭和六十年代に入り、日本中が沸き立つような熱気に包まれました。バブル経済の波は、私たち旅館業界にも大きな追い風となって押し寄せてきたのです。銀行からは「もっと融資しましょう」と声がかかる。まさに夢のような時代の幕開けでした。

マイカーで訪れるご家族、大型バスで到着する団体のお客様。泉慶の玄関前は、朝から晩まで賑わいが絶えません。フロントには長い列ができ、時には満館でご予約をお断りすることも。母と正晴は、その熱気に応えるように、息つく暇もなく増改築を重ねていきました。

昭和六十三年、松泉閣西館に隣接する広大な土地に「松泉閣東館」が姿を現します。三百五十名を収容できるコンベンションホール「天平」、華やかな大宴会場「末広」。母の目には、創業二十一年目にして七百名規模となった泉慶の姿が、誇らしく映っていたことでしょう。

月岡は「美人になれる温泉」のキャッチフレーズで人気を呼び、どの旅館も活気にあふれておりました。月岡名物の芸妓さんたちも、寝る間も食事する間もないほど引っ張りだこ。連日、観光バスが何台も着き、駐車場はいつも満車。狭い温泉街の道路に県外ナンバーの車が道いっぱいに連なり、歩くのもままならないほどだった様子が思い出されます。

平成に入ると、泉慶の歩みはさらに加速します。

待望の大駐車場完成に始まり、約四万平方メートルもの隣接地の取得、大規模なコンベンションホール「王朝」の建設。ナイトシアター、四つのカラオケルーム、料亭街などを建設。西館コンベンションホール「万葉」の改築。そして露天風呂「桂林の湯」の誕生……。

わずか四年の間にコンベンションホールや浴場などのさまざまな施設を増改築しながら、客室も増築。九十名も収容人数を増やしております。

オープンのたびに盛大な披露パーティーを開催。多くのお客様に喜んでいただきました。

この目覚ましい発展を支えたのは、母と正晴、浩三、そして塚野顧問の強固な結束でした。

私も姉と共に若女将として、全力で母を支えました。仕事に追われ、育ち盛りの子どもたちと一緒に過ごす時間は十分ではありませんでしたが、母娘で協力し合い、泉慶の未来を信じて必死で走り続ける日々でした。

昭和四十四年制作のホテル泉慶パンフレット（抜粋）

昭和六十三年制作のホテル泉慶パンフレット（抜粋）

母の日記に見る女将の日常

ここで、昭和六十年から六十二年初め頃までに書かれた母の日記の一部をご紹介します。

母はずっと日記を書いておりましたので、母亡き後探してみたのですが大方は散逸しており、わずかに残っていたのが、この頃のものでした。

忙しい日々の中での記録ですからメモ程度のものではありますが、それでも銀行との折衝や業者さんとのやり取り、こまごまとした出来事、折々の心情などが書かれております。ひたむきな母の姿勢を感じ取っていただけるのではと思います。

【昭和六十年】

九月十九日

ＡＡＰ市村君、関越自動車道開通記念用に地酒、日本海魚など手当て。日本海魚、地酒、料理などパンフ用の写真撮影。

今日は麺類組合百四十人位、中古車販売百四十人位の二つの地元の大きな会の引き合いあり。

お得意様も大切にしながら、新規のお客様も増やしていきたい。

九月二十日

連日忙しかった。今日は疲れて休む。お得意さんが個室に大勢いらっしゃるが、思い切って休む。百五十名のお客様が入っている。ありがたいと思う。

九月二十五日

カカシ祭り初日。花火上がる。

テレビ局（ＢＳＶ）館内撮影（大浴場、ロビー、ロイヤルルーム）。テレビの対談一分間がある。当日取材に来てからの話なので、思うようなセッティングができず残念。二日早く教えてくれたらと思う。ビル管理の掃除はだいぶよくなってきた。

十月二日

今日は関越自動車道開通。全館満員。ありがたく思う。関越道はホテル泉慶にとって、今後想像以上の大きな福をもたらすことと思う。

十月六日

今日は下期の結婚式が初めての日で、しかも三つの婚礼がある。今年の下期はたくさんありそう。

夜十二時、専務（注・浩三）に週二日間は会社にいるように、また夕方はできるだけ四時半から五時頃にはフロントにいるように話したが、はたしてどれくらいわかってくれたか……。

今日は忙しかったため、アンマを頼まれたのを忘れた件、添乗員さんが会計といったけれど忙しくてできなかった件、芸妓一席のところ二席いさせて一席(五人)損をし、かつ、お客様に叱られる。そんな折にお客様が非常ベルを押してしまったため、火災警報が鳴り大騒ぎになった。

また添乗員さんが、サイフをモーテルでとられ、見舞金を出す(大切な業者さんなので)。

今日は忙しかったため、だいぶ損を出した。しかし社員は皆、全力投球でがんばってくれたので大変うれしい。

十月九日

吉田吉平先生、六左ヱ門先生の「さむらい会」あり。二十五名様位、六百十二の宴会場。吉平先生は車イスでおいでになる。私を見て喜んで泣いていらっしゃった。感無量。先生の思いは孫に伝えておかなければと思う。

十月十日

今朝は吉平先生をお見送りしなくて残念。玄関を間違えてすれ違いになった。すぐ先生のご自宅に松茸とお米を持ってお詫びにあがる。先生は殊のほか喜んでくださった。やはり行ってよかったと思う。手を取り合って泣いてきた。私は良い人にめぐり会えて幸せだ。

十月十二日

昨日は結婚式があってハッスルしたら、今日はバテて医者から休むようにいわれた。十時頃にマッサージにかかり、午後四時より出勤する。明日も婚礼がある。八十名と三十一名。遅く着いて、皆がおいでにならないのかとヤキモキしていたら、十七時三分に着いた。今日はキャンセルがたくさんあった。

十月二十日

二年がかりで、社長と武藤さんがかかっていた三木さんの土地の件、ようやく手附金を支払った。私が出てちょうど一週間で決着をつけた。いくら社長が自分でやるといっても、やはりもっと早く私が出るべきであった。もっと安く早くできたのにと残念でならない。
しかし、将来大切な土地なのでやっと安心した。三木さんの親戚になることを約束した。それで土地もあとかつみちゃんの所を手に入れれば終わりにしよう。

十月二十五日
今日はちょうど四百名位で、とてもみんなうまくいった。社員もなんとなく心和やかであった。八時半、早めに帰ってもらった。布団係の人を一人、松柳さんから紹介してもらった。なんとなく今日は心安らかな一日であった。安心して早く(九時半)休む。

十二月十七日
社長銅像完成祝。お歳暮くばり。

【昭和六十一年】

九月一日

なんとなく、しばらく休んでいたペンを取りたくなる。

八月に北海道旅行に社長と二人で行って来た。お互いに年を取ったものとしみじみ思う。社長七十三歳、私六十歳。三十年前の頃を思うと、本当に歳月の隔たりを感じる。心も身体もお互いに丈夫で、旅行できたことだけでも、神に仏に感謝すべきなのかもしれない。何時かは一度訪れてみたいと思っていた北海道旅行が実現したことは、やはりうれしかった。

日本中どこへ行っても、食、住、みんな同じと思うことは、やはり年齢のせいだろうか。日本中の有名旅館はほとんど歩いてみたが、我社は決して劣らないという自信がついてくる。

最終の顔として、玄関、ロビーを造ることだとファイトが湧いてくる。家族健康、社員一同足並み揃ったようである。七月末に完成した露天風呂も思いのほか好調。

【昭和六十二年】

一月六日

元旦は良いお天気で、雪のまったくないお正月は何年ぶりか。たしか三年連続大雪だったから、四年ぶりの雪のないお正月であった。

十二月の成績はまあまあで、お正月の四日間は全館満ぱいであった。お正月の朝のモチつき大会、年頭の御礼の挨拶も、元気に無事務めることができた。まだまだこれから先、何年新年のご挨拶ができるだろうか。

昨年は七月に露天風呂が完成、好評のようである。だいぶお金もかけた。露天風呂へ行くまでの道も少々研究して、造り直さなければ二九一、二九二、二九三号室の三部屋が死んでしまう。どうしても造り変えなければいけないと思う。何かいい案はないか――。

今日の昼間は三百人程のお客様。夜はしかし七十名程。明日は三百人程の予約。まずまずと考えるべきか――。

四月八日
昨日、新潟の商工中金に建設資金借り入れの話に専務と二人で訪問。支店長はじめスタッフ五人様が待っていてくれた。皆さんとても丁重に扱っていただいた。ありがたい。希望金額（四億）よりなるべく多く借りてくれるようにとの申し出で（五億以上）、私は本当に幸せと思う。

ここで、日記は途切れております。読み返しながら、さまざまな思いに包まれます。流麗な文字のひとつひとつに、当時の母の息遣いが感じられるようです。

「真心を込めて一生懸命努力すれば、明るい明日がやってくる」

母はこの言葉を口癖のように繰り返し、苦境に立たされた時も、その姿勢が崩れることがありませんでした。たとえ心のうちで不安を抱えていても、「どんなに苦しくとも、明日になれば陽はまた昇る」と自分を鼓舞し、また私たちを力づけていた母が目に浮かびます。

時には、若かった私が母の古い考え方に反発し、母娘で衝突したこともありました。けれども、自分が女将の立場になってみると、当時の母の気持ちが痛いほどわかるのです。母が口にしたひとつひとつの言葉。それらはすべて「人のため」、相手の立場を第一に考えてのことだったのだと。

当時、日々の出来事に一喜一憂していた私に比べ、母の視線は常に先を見据えていたのです。

偶然、話が持ちこまれた華鳳の建設地

平成二年、泉慶の歴史を大きく変える出来事が起こりました。

隣接する約四万平方メートルもの土地を取得したのです。のちに華鳳が建つこの土地には、かつて「月岡ヘルスセンター」と「行楽苑」という、月岡温泉の黄金期を象徴する施設がありました。

「ジャングル風呂」で人気を博した月岡ヘルスセンターと、新潟初の動物園として賑わった行楽苑。昭和四十年代、五十年代には映画上演や演芸が連日行われ、時には芸能人も訪れるなど、家族連れで賑わうその様子は、私の記憶にも鮮やかに残っています。

しかし時代の流れは速く、平成元年、両施設は惜しまれつつ幕を閉じました。

その跡地の行方は地域の関心事となり、さまざまな憶測が飛び交います。泉慶のすぐ裏手という立地だけに、母たちも一抹の不安を抱いていました。

ところが思いがけず、その土地取得の話が舞い込んできたのです。

当時社長だった浩三は「更地にしてもらえれば検討する」と返答。デベロッパーの迅速な対応もあり、購入へと話が進みました。

けれども、土地の取得には、意外に手間がかかることになります。


当時は、バブル絶頂期。「バブル封じ」の金融政策によって、土地価格の規制や銀行の融資制限など、さまざまな障壁があったのです。

しかし泉慶への信頼があったからでしょうか。数十億円という大きな買収資金を確保でき、大きな一歩を踏み出すことができたのです。

後に振り返れば、この土地との出会いは、まさに運命的なものだったと感じます。母も、この地に新たな夢を描き始めていたに違いありません。

❇正晴の強引な「跡地利用」

広大な土地を手に入れたものの、経営計画上、当面は休ませておくつもりでした。ところが、そんな悠長なことを許さないのが正晴の性分。会長となった彼は、じっとしていられなくなったのです。

「これだけの土地を遊ばせておくなんてもったいない！」

そう宣言するや、まず丘に松を植えて松山を作り始めました。それだけでは飽き足らず、なんと自分や母の銅像まで建ててしまいました。

今では考えられない話かもしれませんが、これぞ正晴流。慎重さの中に秘めた破天荒な一面が、ここぞとばかりに顔を出したのでした。

土地には、何十本もの見事な桜の木が残っていました。春になると、淡いピンク色の花が辺り一面を彩り、私たちの目を楽しませてくれたものです。浩三は「この桜だけは残そう」と、職人たちにも厳命していました。

ところが、あろうことか正晴は夜中に職人を呼び、チェーンソーでその見事な桜を跡形もなく伐ってしまったのでした。

「誰が桜を切れと言った！」

当然、浩三は怒り心頭です。職人を呼びつけ、「お前たちには、絶対に手間賃を払わない！」と宣言しました。しかし職人の方では、「先代のオヤジさんに言われたんだからしょうがないよ。それに、もうお金はオヤジさんからもらってる」とのこと。桜の木にはかわいそうなことをしましたが、正晴の頭の中には、他人のものをそのまま利用するという考えなど微塵もなかったのでしょう。

当時は私も驚きましたが、「他人の痕跡など一切残さない。まっさらな土地に、俺たちの夢を建てるんだ」という熱い思いが、桜の木々を切り倒させたのかもしれません。その他にも、何百本もの植物があっという間に消えてしまいました。

決めたことは突き進む。既存の枠にとらわれない。そんな正晴のまっすぐな生き方は、時に周囲を驚かせましたが、泉慶を大きく育てた原動力でもあったのです。正晴のダイナミックな一面を表す思い出です。

玉の肌を作る新源泉を求めて

増改築と共に、泉慶が満を持して取り組んだのが、専用温泉の掘削です。

「もう少し、もう少し……」

ボーリングの音が響く工事現場で、私たちは固唾《かたず》を呑《の》んで掘削の進行を見守っていました。平成七年十月から始まった源泉掘削は、すでに一年近くが経とうとしていました。

月岡温泉は、古くから美肌作用の高い湯として知られておりました。

泉慶は、月岡温泉の組合から分湯される温泉で長年営業してきましたが、旅館の規模が大きくなるにつれ、湯量の不足が深刻な悩みとなっていました。とりわけ、新館「華鳳」の建設計画が具体化してくると、専用源泉の確保は待ったなしの課題でした。

そこで平成七年十月に、泉源の掘削を開始したのです。

「ここなら、きっと！」と、専門家による入念な調査で、敷地内の一角に有望な地点が見つかりました。

既存の温泉の水脈を壊さぬよう慎重に位置を定め、県の温泉委員会の許可も得て、いよいよボーリングがスタート。掘削開始前、母は毎日のように現場に足を運び、作業員の方々に丁寧に頭を下げて回りました。

「皆様のご協力なしには、この事業は成功しません。どうかよろしくお願いいたします」

その真摯な姿勢に、作業員の皆さんも一層気を引き締めていたようです。

きちんと調査しているとはいえ、実際に温泉が出るのか、多額の資金と労力を注ぎこんでいるだけに不安は消えません。しかも、掘削には時間がかかります。ボーリングが少しずつ進むたびに、私どもは一喜一憂しながら工事を見守りました。

そのかいあり、平成八年九月に、深度七百五十メートルで泉源に到達。源泉温度四十四・七度、毎分五百五十リットルという立派な自家温泉が湧き出たのです。

「出た！　温泉が湧いた！」

源泉が地上に湧き出た時は、皆で思わず大歓声を上げました。この日を待ち続けた私たちの喜びは、それは大きいものでした。その瞬間、母は思わず目頭を熱くしていました。「ありがとう、本当にありがとう」と、小さく何度もつぶやく声が聞こえました。

中でも、陣頭指揮を取っていた浩三は、よほどうれしかったのでしょう。どこからかドラム缶を運び込み、湧き出したばかりの源泉を溜めると、正真正銘の「一番風呂」に入りました。

そして、ちょうど通りがかった建具屋さんにお酒を買ってきてもらい、「茶碗も持って来い。一緒に入ろう！」と、湧き出したばかりの温泉に二人で浸かって、茶碗酒で祝杯を上げておりました。

母も女将として初めて源泉に触れ、その温かさと質のよさに感動していました。

「このお湯で、もっとたくさんのお客様に喜んでいただけます」

母の声には確信があふれていました。

湧き出た温泉は、目にも鮮やかなエメラルドグリーン。「含硫黄－ナトリウム－塩化物・硫酸塩泉」という泉質で、調査したところ、驚くことに国内随一の硫黄分を含んでいました。

美肌効果はもちろん、アトピー性皮膚炎や湿疹にも効果があり、強い塩分で体を芯から温めてくれます。また、ナトリウムを含む塩分の強い湯が全身を効果的に温め、神経痛や関節痛など身体の痛み、疲労回復や健康増進などの効能があります。

掘削に関わった専門家の方々も、「これほどの良質な温泉が出るとは」と驚いていたほどでした。お陰様で、泉質、湯量共に申し分なく、どこにも引けを取らない自慢の湯が、自家源泉から提供できるようになったのです。

「一浴で玉のような肌に」という願いを込めて「白玉の湯」と名づけられた新源泉。

すでに改修を終えていた女子大浴場と露天風呂に、たっぷりとぜいたくな温泉が注がれることになりました。この成功により、華鳳の建設計画も一気に現実味を帯びてきたのです。

わずか八室の小さな宿からスタートした泉慶は、ついに自前の源泉を手に入れ、新たな飛躍への一歩を踏み出したのでした。

母は後に、「あの時、こんこんと湧く源泉は、天からの贈り物のように見えました」と語っていました。私たち家族にとって、あの日の喜びは今でも感慨深い記憶として心に刻まれています。

「サービスは心です」――橋本キヨの講演原稿――

成長を続ける泉慶で、母が力を注いだのは「人」でした。

いくら素晴らしい施設や温泉が整っても、それを活かすのは人の心遣い。母はそう信じて疑いませんでした。

「お客様の笑顔は、私たちの心から生まれるのよ」

一人一人の目を見つめ、その日あった出来事に耳を傾け、時に厳しく、時に優しく語りかける。そんな日々の積み重ねが、いつしか泉慶を「サービスのよい宿」という評判へと導いていったのです。

母の思いは、県内外の旅館業界でも共感を呼ぶようになりました。私の手元には、石川県のあるホテルでの講演原稿が残されています。

その言葉の端々から、おもてなしに懸ける母の情熱が今でも伝わってきます。当時の様子を思い出しながら、母が大切にしていた「サービスの心」をお伝えしたいと思います。

サービスは連携プレーです。自分の係だけで、他の係は知らんぷりではダメ。お客様に聞かれたら、「わかりません」は絶対に言わないこと。すぐにサービスセンターに携帯電話で問い合わせ、その場でお客様にお知らせすることを実行しています。また、お客様とすれ違う時はどんな係であろうとも、必ず挨拶をすること。お客様に軽く会釈をして、「いらっしゃいませ」「お休みなさいませ」「お早うございます」と言うことを励行させていますが、お客様にはとても喜ばれています。

実はこの間、失敗をいたしました。五人連れのご婦人のお客様がおいでになりましたが、六時半頃になって、夕食も取らず突然「帰る」と言われたのです。私と娘の若女将と部長の三人で一時間くらいかかって謝り、許していただきました。

原因は、次のようなことでした。


夕食の場所は「料亭」とだけは聞いていたが、廊下にいた社員に聞いても「わからない」と言われた。どうにか料亭へ行くと、他の方の歓迎看板はあるけれど自分たちの名前はなく、仕方なくフロントへ聞きに行った。

フロントはすぐ案内してくれたが、やはり自分たちの名前は出ていなかった。料理は出てきたが係の人がおらず、三十分も経ってやっと来た。他の宴席は賑やかに宴会をしているのに、自分たちは差別されていると感じた。バカにされているところへは一分たりともいられないから帰る。


なぜこんなことになったのか、調べてみると理由がわかりました。

このお客様の夕食は、客室で出すことになっていたのですが、夕方四時頃、日帰りのお客様がお帰りになったので、急に料亭「月見の間」に変更したのです。

私どもでは自慢の宴席です。客室より、ここにお料理をお出ししたらどんなに喜んでくださるだろうと、急に変更したのが失敗の始まりでした。

宴席を変更しますと、皆様もご存じと思いますが、サービスセンター、板前とルーム係、宴席セッティング係、フロント、布団敷き係、看板係と、至急連絡が必要となります。

ところがこの日、どうしたわけか宴席に名入りの看板を掛ける看板係への連絡を落としてしまったのです。

担当ルーム係が六時十分前にお迎えに上がりますと、お客様はすでにお部屋を出られた後で誰もいらっしゃらない。館内をお探ししても見つからない。仕方なく宴会場へ戻ったのですが、やはりお客様はいらっしゃらない。

ようやく会えた時にはお客様はカンカンで、「責任者を呼べ」と叱られ、係は半泣きになって私を呼びにきたわけです。それから責任者三人が平謝りに謝ってやっと許してもらった次第です。

そこで「サービス」とはどういうことかを、考えてみたいと思います。

一　第一に決められている基本を一人一人がしっかり実行すること。

二　基本とはお客様との約束事のこと。「忘れた」「勘違い」などの間違いは絶対にしないようにする。

三　日頃、会社で定めた約束事はきちんと守る。

泉慶では、宴会場の料亭入口と宴席入口の二か所に名入の看板を出すことが約束事になっています。しかし、連絡ミスでお出しすることができなかった。残念なことです。

まずお客様に喜んでいただけるよう、「一生懸命に尽くす心」が大切で、それがお客様の心を打つことだと思います。それがサービスの原点なのです。

旅館はサービス業の代名詞のようなものです。私たちはよく「感じのいい人、感じの悪い人」「感じのいい店、感じの悪い店」と言います。

その人の感覚が捉えた何気ない感想ですが、「感じのいい店」と言われているところは、必ず発展している。一方、「感じの悪い店」はほとんど発展していません。これは旅館にあてはめても同じことが言えると思います。

それでは、感じのいい店、サービスしている店とはどういうところか、私なりに分析してみました。

感じがいいとは、

イ　笑顔で接してくれる。

ロ　優しく親切にしてくれた。

ハ　どんな小さなことでも、親身になって一生懸命応対してくれた。

ニ　そしてなんとなく信用のおける店のような気がした。

こう並べてみると、特別なことではないのです。

もうひとつ、こんな失敗もありました。ある中年のご夫婦連れのお客様がお帰りになる時に、玄関で、「ありがとうございました。またお待ちしております」と申し上げましたところ、「もう、こんなホテル二度と来ないよ」と言われたのです。大変驚きました。

「申し訳ございません。何か悪いところがございましたでしょうか。今度おいでになる時までには直しておきますから、お教えください」とお願いしたのですが「二度と来ないところに教える必要もない」と、きついひと言が返ってきました。

「これでお帰りになられては大変だ。どうしてもそのわけをお聞きしなければ」と、私は必死でお願いいたしました。「女将がそんなにまで言うなら話してやる」と、ロビーに戻りソファーに腰を掛けてじっくり話してくださいました。


玄関を入った時は、とても気持ちよく迎えてくれた。案内する若いスタッフも一生懸命にやってくれてよかった。

ルーム係は、約束どおり六時に料理を出してくれた。ただし、それ以降は三分、五分おきに、ドアチャイムを鳴らして料理を運んでくる。私たちは楽しい会話もできず、ゆっくり料理を食べることさえできなかった。

そして、布団を敷きに来たのは七時。六時からの食事が終わっていない時間だ。毎日忙しいので温泉に入ってのんびりして、おいしい料理をゆっくり食べようと楽しみに来たのに、これではちっとも落ち着かない。

一体、女将はどんな教育をしているのか。こう言われたのです。


私はそれを聞いて、目からウロコが落ちたような思いでした。

実は、ルーム係は、私がいつも言っているとおり一生懸命に実行していたのです。

私は普段から、「料理を一度に出さず、温かいものは温かい状態で後からお出しするように」「空のお皿をすみやかにお下げして」「お飲み物は切らさないように」「こまめにお部屋に伺い、お客様が不自由のないようにサービスすること」と教育してまいりました。

基本はきっちり守らなければなりませんが、お客様にはいろいろな方がいらっしゃって、ご希望もさまざまです。基本の中に気配りの心が入って、初めてサービスが生きるわけです。

マニュアルどおりでは、「サービス」ではないのですね。お客様の気持ちを察して、どのようにして差し上げたら一番喜んでいただけるかを考えること。それを汲み取ってこそ、自然と心と心が通じ合えるのではないかと思いました。これがサービスの原点ではないかと、私は思います。


確かにお客様の中には、お料理を一度に並べてほしいと希望される方もいらっしゃいます。私も常々、冷たい物は冷たいうちに、温かい物は温かいうちにお出しして、最高の状態で味わっていただくのがよいことだと考えておりましたが、時にはそれではいけないケースもあるのです。

私どもは日本料理の習慣として一品一品お出しするのが最高のおもてなしと、今まで教育されもし、思い込んでもおりました。よかれと思って努めていることも、お客様にとっては必ずしもそうではない。母の残した講演原稿を読み、サービスの難しさ、奥深さを改めて考えさせられております。

サービスの心について、母は『旬刊旅行新聞』（平成八年九月一日号）では次のように語っています。

よく「一期一会」と言いますが、素人商売の私にとりまして、いろいろな方々よりアドバイスをいただき、お話の中から何かを学びとるよう一生懸命努力してきたことが、今考えてみるとよかったのではないかと思っています。

天才発明王のエジソンの有名な言葉で「天才は一％のひらめきと、九九％の努力の汗から成る」というのがあります。私のような凡人には、百％の努力しかないと思っております。

現在、観光業界は非常に厳しい状況ですが、こんな時こそ一層の努力で前向きに進むべきだと考えております。

私の好きな言葉に、

一　人並み以下の努力であれば、人並み以下になる。
二　人並みに努力していれば、人並みになる。
三　人並み以上の努力をすれば、人並み以上になれる。

という言葉があり、常に忘れないようにしています。

また次のことを守っております。

商売は儲けを先に考えないこと。

どうやったらお客様に喜んでいただけるかを、先に考える。お客様に喜んでいただければ、儲けは後からついてくる。失敗を恐れず、チャレンジ精神を持つこと。

しかし、思うようにいかない時もあり、悩みも失敗もたくさんありました。

そんな時、私は「もっとがんばれ！」「もっと努力しろ！」「朝の来ない夜はないのだから…」と励まされていると思うようにしています。

私どもは温泉旅館ですから、お客様に喜んでもらうことがすべてです。今の時代、忙しかったり、疲れていたりするお客様に対して、ゆったりとくつろいでもらえるよう考えております。

常に相手に喜んでもらいたいという気持ちがあれば、自分が次にどうすればよいかわかるものです。お客様に「よかったよ」と言われることが生きがいで、これからもホテル泉慶の女将として一生懸命努力していきたいと思っております。

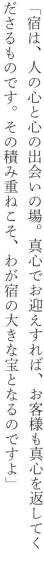

「宿は、人の心と心の出会いの場。真心でお迎えすれば、お客様も真心を返してくださるものです。その積み重ねこそ、わが宿の大きな宝となるのですよ」

母の声が、今もよみがえります。単なる接客の心得ではなく、人と人とが出会い、響き合う。そんな深い思いを込めて、母はこの言葉を繰り返していたのでしょう。私も今、その真意をようやく理解できた気がします。

玄関前でお客様をお見送りする時。母と私は並んで立ち、深々と頭を下げます。母の背中からは、お客様への感謝の念があふれ出ているようでした。私も自然とその気持ちに呼応して、心からの「ありがとうございました」の言葉が口をついて出る。そんな瞬間が何度もありました。

「お客様は、きっとまた帰ってきてくださる」

母の言葉には確信がありました。お見送りの後、満足気な表情を浮かべる母を見るたび、私は不思議な感動に包まれました。それは単なる商売の成功ではなく、人と人との心の通い合いがもたらす喜び。その感動こそが、母を支え続けた原動力だったのだと、今ならわかります。

おもてなしの心を説く母の姿は、娘の目には、時として厳しく映ることもありました。けれどその真摯な思いは、確かに周りの人々の心を温め、泉慶という宿を育んでいったのです。

第四章　お客様の「新潟の母」

華やぎの館、華鳳完成

収容人員六百七名、客室百十一室の華鳳の建設は、株式会社ホテル泉慶の社運を懸けた挑戦でした。

母は華鳳建設にあたり、五つのコンセプトを掲げました。

第一に、バリアフリーを徹底した人に優しい施設であること。

第二に、約一千平方メートルのコンベンションホールなど、都市機能の充実。

第三に、小グループにも対応できる千百四畳の宴会場の整備。

第四に、眺望と開放感あふれる大浴場。

そして第五に、従業員が働きやすい環境作り。

特に、第一のバリアフリーには、こだわり抜いています。

「この階段の勾配は緩やかにできないでしょうか」

「この廊下は車椅子がすれ違えますか」

細部にまでこだわる母の姿に、設計担当者も感心したようです。


特に母がこだわったのは、緊急搬送時の安全性でした。お客様の緊急時にいかに素早く対応できるか、その観点から、ストレッチャーと付添人が一緒に乗れる大型エレベーターをバックヤードの中心に配置。万が一の事態にも迅速な対応ができる設計としました。

「旅先での突然の病気は一刻を争います」と母は言いました。「私たちにできることは、常に万全の備えをしておくこと。それが、おもてなしの基本です」。


また、泉慶での経験から、厨房は従来の旅館では考えられないほどの広さを確保。「働きやすい環境があってこそ、心のこもったおもてなしができる」。そんな母の信念が、設計の細部にまで活かされていました。

華鳳オープン（平成九年）

華鳳竣工披露パーティーで
八百名のお客様の前で橋本キヨの挨拶
（左から、著者・飯田美紀子、橋本代野子、女将・橋本キヨ）

「この建物は、私たちの夢の詰まった城。でも、本当の価値を決めるのは、ここで働く人の心と、お客様の笑顔なのよ」

オープン直前、母から華鳳の女将を任された私は、この建物に込められた思いの重さを、改めて実感したのでした。

従業員も合わせて、ひとつのファミリー

母の夢であった泉慶・華鳳を支えたのは、間違いなく従業員でした。

「従業員あってこその宿である」という母の言葉には、深い愛情が込められていました。

それは、多くの従業員が母を「お母さん」と呼んで慕ったことでもわかります。

ある幹部社員が定年退職の際、入社時に、母から「私を『お母さん』と呼んで、何でも相談しなさい」と言われたことが今でも心に残っていると語っていました。

「叱られた時もありました。でも、そこには愛情が込められていた。だから私たちはお母さんを心から慕い、ついていくことができたのです」と。

シングルマザーや親の介護をしている従業員が休まざるを得なかった時、母は仕

事を終えてから必ずその家を訪ね、家族の様子に耳を傾け、お見舞いを渡していました。

女将が自ら家を訪ねてくれるのですから、家族も感激します。もちろん従業員も、さらにがんばろうという気持ちになります。決して計算ずくでやっていたのではありません。母は「従業員もその家族も、ひとつのファミリー」と捉えていたのです。

正晴も、従業員に対して母と同じ思いで接していました。「お前には、子どもが何人いるんだ？」と従業員に尋ねて小遣いをあげたり、折に触れて、従業員の家を訪れてはお土産を渡したり……。また、「今日は、お客様が何人入ってる？」と聞いて、満室だと言われると「よかった。じゃあ、大入りだ！」と、従業員に「ご苦労様、ご苦労様」と言って、大入り袋を配って歩く。

逆に、お客様が少ない時は「そうか、よかった！　今日は早仕舞いだ」と早く帰らせる。そんなこともしばしばありました。

今でも忘れられないのは、大きな宴会や結婚式が重なった日の母の姿です。母は自分も忙しいのに厨房に入り、五目ご飯のおにぎりを何百個も握るのが常でした。

イベントが重なると、どの持ち場でも食事をする暇などありません。五目おにぎりならすぐ食べられ、しかも栄養があるからと、板前さんからサービス係まで全員分を用意したのです。

「みんなが元気でいてくれることが、私の一番の喜び」

母はそう言って笑うのでした。

母はただ優しいだけの存在ではなく、時には叱って従業員の成長を促すこともありました。それでも皆が母を慕ったのは、その背後にある深い愛情を感じ取っていたからでしょう。

従業員の幸せがなければ、お客様への真心は生まれない。

その信念から、泉慶では昭和五十年代半ば、当時は珍しかった「二部制」をいち早く導入しました。

従来の宿泊業の勤務体系は、午後に数時間の休憩をはさむものの、朝から夜まで続くのが一般的でした。これでは、従業員は家族との時間が十分に取れません。そこで泉慶では、早番、遅番の二部制にしたのです。子どもの運動会や参観日にも参加しやすくなるこの勤務制度は、働く人の生活を第一に考えたことによるものでした。


さらに、大型食器洗浄機の導入や、業務用エレベーターの設置、下げ膳用の七段台車を八十台導入するなど、設備面の改善も次々と行いました。

「これでは、設備費も人件費も膨らみますよ」

経理担当が心配そうに進言すると、母は静かに首を振ったものです。

「働く人が幸せでこそ、お客様も幸せになれるのです」と。

身近な人々が語る母の姿

母と親しくおつきあいくださった方々は、よく「不思議な人だった」と言います。「不思議」というのは、凡人ではないということでしょう。

もともと教師という仕事をしていた母。人の心の機微を読み、その人のよさを引き出す力は、教壇に立っていた頃から磨かれていたのかもしれません。しかし、それ以上に母には、人を信じ、育てることへの天賦の才があったように思います。

母のことを語る時、どの方も笑顔になり懐かしそうに目を細めます。母との思い出を大切にしてくださっていることがありがたく、胸が熱くなる思いです。

長年、母と親交の深かった株式会社旅行新聞新社の石井貞徳社長は、こうおっしゃいます。

先代の女将・キヨさんは本当に優しい人で、皆から「お母さん」と慕われていらっしゃいましたね。キヨさんに「お帰りなさい」と出迎えられて「行ってらっしゃい」と見送られると、誰でも、また帰って来ようと思うんですよ。どんな人でも分け隔てなく接し、私も若い頃からよくしていただきました。今でもキヨさんのことは「第二の母」「新潟のお母さん」だと思っています。

飾らない人柄でね。酔ったお客さんがちょっと羽目を外しても懐深く受けとめてくれるんです。だけど、不思議とキヨさんの前では、やんちゃなことはできない。出会った人を誰でもファンにしてしまう。そんな魅力のある人でした。

「人には隔たりなく接しなさい」「何でもまずは受け入れてみなさい。それから自分にできることを考えなさい」。キヨさんからは、いろいろ教えられました。

慈悲深い観音様と、相手を導く厳しいお不動様が同居している、そんな方でした。

サービスについては、どんな時も気遣いにあふれていて、「絶対に、お客様に満足していただくのだ、不満を持ったまま帰らせてはいけない」「心からくつろいでいただくのだ」という気魄《きはく》があった。

お客さんから「お母さん、楽しかったよ」「ゆっくりできたよ」というひと言をもらうために、とにかく一生懸命やる。それが、キヨさんでした。

だから従業員の方や、今の泉慶・華鳳の女将である二人の娘さんには、仕事の面では厳しかったと思います。でも、私たちから見ていても、愛のある厳しさなんですよ。皆がキヨさんの思いに応え、高いホスピタリティで接客していたから、お客様は安心してリラックスできたわけです。

昭和の頃、月岡温泉は男性たちが芸者衆をあげて宴会を開く歓楽街、団体客が訪れる温泉街という印象でした。しかし平成に変わり、「美人の湯」としてファミリー層や女性客を取りこんでいきます。

大型ホテルの泉慶・華鳳が、バブル崩壊を乗り越え、その変化に見事に対応できたのは、キヨさんの信念のもと、全員一丸となって心を込めた接客に徹することができたからでしょう。

一度だけ、地方での会議の帰りにキヨさんを車で月岡までお送りしながら、二時間ほどゆっくり話したことがありました。

普段は弱音など一切はかないキヨさんが、「石井さんだから話すけど、やっぱり、つらいこともあるのよ」と、ふと口にしたのを今でも覚えています。

相手にとことん尽くすキヨさんだっただけに、心のうちでは、やりきれなさや悔しさを感じる出来事もあったのでしょう。でも、それもすべて受けとめて包みこんで前を向いていく。それが、キヨさんの生き方だったのだろうと思います。

人としての強さや優しさ、度胸のよさ、こうと決めたらやり通していく。

その強さとお客さんに尽くす姿勢が、娘である二人の女将にしっかり受け継がれたからこそ、今の泉慶・華鳳があるのだと思います。

❋相手に合わせた絶妙な助言

長らく営業の先頭に立って働いてくれた橋本勇一常務（勇叔父の長男）は、若い頃の母との思い出を次のように語ります。

確か三十代半ばの頃だったと思います。「明日から一週間出張します」と会長（注・橋本キヨさん）に告げると、「勇一さん、ちょっと待ちなさい。あなたね、私の言うことをよく聞きなさい。一週間のうち、一日は仕事を休みなさい。その日は仕事をしちゃダメよ」と言うのです。

これは私の性格を読み切っていて、どこを押せばどう動くか、承知の上で、「一生懸命がんばりなさい」とは決して言わないんです。「休みなさい」と言うんですね。そう言われると、知らず知らずにがんばってしまいます。

営業という仕事は芯が疲れるものです。疲れが溜まると、つい顔や態度に出てしまう。そのあたりを巧みに読んでいたんだと、今になって思います。

出張から帰ってくると報告書を提出するのですが、会長は読まない。フェイストゥフェイスで話すことを求めるんです。だから、長い出張から帰ってきて、二週間、三週間と忙しくてすぐに会長に報告しないと、機嫌がすこぶる悪い。「あんた！　何やってるの」と。逆に言えば、それだけ私の報告を楽しみに待っていてくれるんです。

しかも、「私の顔を見て、ちゃんと報告するんですよ」と言われると、報告書で適当に具合の悪いところはごまかすわけにはいかなくなる。私が正面向いて報告すると、嘘をつけないと承知しているのですね。会長は、私の性格をものの見事に把握していたわけです。

母がいかに、人を見ることに長けていたかがわかるエピソードです。

母は叱り方も上手でした。決して人前で叱ることはありません。必ず一対一で相手と真摯に向き合い、その人に合った叱り方をしたものです。


橋本常務は、母のカバン持ちとして各地の営業に回っていたことがありました。地方営業では、得意先との打ち合わせが終わると二次会へ繰り出します。そんな時、母は早めに切り上げ、「会社に泥を塗るようなことのないよう、十分に接待してくださいね」と、あとを橋本常務に託すことが習わしとなっていました。

ある時、いつものように宴席の最後までおつきあいした常務が、翌朝会計へ出向くと、先方が会計をすませていたそうです。

「私は三十そこその若者でしたから、得したなと単純に思ったわけです。ところが、先代の女将に報告すると、コラーッと目から火が出るほど叱られました。どんな場合でも、仕事で先様に借りを作ってはいけないと」

営業の大切な基本を教えられた体験談として、今でも橋本常務はたびたび語ります。

「半端な叱り方じゃない。あれはおそらく私みたいな世間知らずに、一度釘を差しておくのにいい機会だと思われたのでしょう。おかげ様で、その後の営業活動にどれほど役立ったかしれません」

❋「女将の中の女将」と言われた母

先述の木村正一常務は、次のように振り返ります。

先代の女将は、私にとっては師匠のような存在で、厳しく仕込んでいただきました。たとえば、「口先でどんなに言っても、行動が伴わなければダメだ」「やってもいないうちから、なぜ無理だと言うのか」などとよく叱咤激励されました。

正直に言えば、若い頃は、「そこまできつく言わなくても……」と思ったこともあります。しかし歳を重ねますと、「あの時、女将が言っていたのはこういうことだったのか」と、今になって気づかされることも多いのです。

女将が私たちを叱る時は、まず先に褒めてくれます。

たとえば、営業や業務の報告に行くと、「ご苦労様。いつも大変だね。木村くんがいるから、泉慶は成り立っているんだよ」と持ち上げてくれるのです。その後、「○○はどう？」と非常に細かく尋ね、私がそれに答えると、「こうしたら、もっとよくなる」と助言をくれます。

ダメだと全面的に否定するのではなく、改善点を提示してがんばろうと思わせてくれる。それが、女将のやり方でした。

「あなたの悪いところは、やらないうちから無理だというところだ。やってみた結果ダメだったら仕方がないじゃないか」と、よく叱られました。狭い視野で考えるのではなく、視点や取り組み方を変えれば、可能性はもっと広がるということを教えてもらったように思います。

今でも覚えているのが、女将が「自分は、『もう』という言葉は絶対に使わない。『まだ』現状で満足してはいけない。『まだ』できることがある。そう肝に銘じている」と言っていたことです。実際、女将は常にそういった姿勢で営業活動を続け、よりよいサービスを追求していました。

旅行会社からの団体客が多かった時代、朝は添乗員さんが列をなして手続きをしたものですが、女将は必ずそこにスッと現れ、こう聞くのです。

「泉慶のサービスでお気に召さないところはなかったでしょうか」

たいていの添乗員さんは「いいえ、満足でしたよ」と答えるのですが、女将は食い下がります。

「私どもへのプレゼントだと思って、どんなことでもいいから教えてください」

すると、「そういえば、売店の○○はこうするといいかも」などと、何かしら意見が出てきます。女将は「それは、いいことを聞かせていただきました」と、すぐに改善します。その添乗員さんが次に来た時には、「自分が女将に教えてやったのだ」と気分がいいし、泉慶や女将のファンになってくださる。

当時、女将がそこまで考えて質問していたのかはわかりません。しかし常に、改善と改革を続ける。それが、女将が貫いた姿勢です。

ある時、女将が私にしみじみとこう言いました。

「あのね、こんなによい商売はないいんだよ」

「なぜですか」と聞き返す私に、「旅館業は、いながらにして日本全国を相手にできる。北から南まで、いろいろなところのお客様に来ていただける。こんなにありがたい商売は他にないでしょう」と、女将は答えました。

わざわざ足を運んでくださるお客様に最高のおもてなしをして、新しい施設をご利用いただかないと申し訳ない。設備投資をして中身をよくすれば、もっと喜んでいただける。また必ず来ていただける……。女将はいつも、そう話してくれました。

「女将の中の女将」と言われた方ですが、常に並々ならぬ向上心を持っていて、それを亡くなる前まで維持していました。そういった生き方を若い時分から間近で見られたことは、私の人生に大きなプラスになりました。

多忙だった母を支えた読書

多忙を極めた母でしたが、たったひとつ、ぜいたくな「自分だけの時間」がありました。それは読書です。ほんの少しでも時間が見つかると、さっと本を手に取り、どんなに疲れた日でも寝る前には必ず本を開いていました。

本という存在があったからこそ、お客様に対しても従業員に対しても、いつも笑顔で対応する余裕が生まれたのでしょう。

ストレスが多い時期は、肩のこらない推理小説や時代小説などを読んで気持ちを切り替えていたようで、好きだった池波正太郎の本が書棚いっぱいにありました。男女の機微、義理人情の葛藤などのテーマが多い池波作品には共感するところも大きかったのでしょう。

あの読書時間があったからこそ、母はいつも柔らかな笑顔でお客様や従業員に接することができたのだと思います。本の中の人々が母の心に潤いを与え、明日への活力を生み出していたのかもしれません。

母は、接客や経営について私に助言をしたことはありませんが、ただひとつ、「本を読みなさい」とはよく言っていました。母は、本によって人の気持ちを推し量る力や新たな知識を得て、仕事の刺激と活力を得ていたのだろうと思います。そのような力を身につけてほしいと、女将を継ぐ娘にも勧めたのかもしれません。

残念ながら、私は母ほど読書の時間を作れていません。それでも、母が私に贈ってくれた日本文学全集は、今でも大切な宝物として本棚に収められています。

❈母の美学と経営者魂

また母は大変な努力家でしたが、その努力や苦労は表に決して出さない人でした。

普段はそれこそ田舎のおばさん、おばあさんという感じで明るく過ごしておりましたし、周囲に心配をかける姿は見せたことがありません。元気な部分だけを見せるよう、本人なりに努力していたのではないかと思います。

振り返ってみますと、母の五十歳、六十歳頃の顔は、娘である私の目から見ても輝きを放っていました。

旅館経営の内実は人知れぬ苦労もあり、すべてが順調とばかりは言えませんでした。それでも、壮年期から晩年にかけての母は一見、苦労知らずの大ホテルの女将に見えたものです。何もないところで一から始めて「新潟一」といわれる宿を築き上げてきた自信と度胸が母を支え、親しみやすさの中にも堂々とした風格を醸し出していたのでしょう。


華鳳の建設を成し遂げられたのも、自信と度胸の賜物です。

土地の購入も含めると、華鳳の建設費は総額百二十億円。

七十二歳にしてそれだけの資金を集め、大ホテルを立ち上げるとは今では考えられないスケールです。歳を重ねても立ち止まることなく、前進あるのみだった母のバイタリティを改めて感じます。

女性の社会進出が当たり前になった今と違って、当時は「女性の身でよくやるよ」という声が聞かれたのも事実です。本人の耳にそんな声が入ることもあったでしょう。しかし母にとって、それはささいなこと。お客様に喜んでいただく――ただそれだけを願う母でした。

「たくさんのお客様をお迎えできて、本当に幸せな人生よ」

生前、母はよくそうつぶやいていました。母にとっては、お客様や従業員の笑顔こそ最高の勲章だったのだと思います。

五十代の頃の橋本キヨ

キヨと共に働いた弟の橋本勇

不況を乗り越えるための改革

「このままではいけない……」

数々のピンチを切り抜けてきた母の鋭い直感が、時代の変化を察知していました。話は遡りますが、バブル経済の終焉と共に、平成十年頃から観光業界にも厳しい風が吹き始めます。平成九年の華鳳のオープンは、まさに業界全体の試練の時期と重なっていたのです。

「一円一円を大切にしなければ」

私たちは一致団結して、細部にわたる経営の見直しを始めました。

改革の第一は、無駄な支出の削減です。私たちは、まず小さなところから手をつけていきました。たとえば、浴場の往復に使う巾着をひとまわり小さくすると、数円ですが節約になります。

同じように、タオル入れの籠を浅いものに替える、バスタオルを適正サイズにする、使わない部屋の電気はこまめに消すなど、お客様の快適さを損なわない範囲で、できることから着手していきました。

その改革の過程で、思いがけない課題が見えてきました。

料理人の腕は一流、食材もよいものを使っている。その割には、料理の評判は今ひとつかんばしくないという状況があったのです。原因を調べていくうちに、私たちは首をひねりました。

「なぜ、こんなに原価がかかっているのだろう」

改めて計算してみると、驚くべきことに、華鳳の料理の原価率は約四十%。通常、料理の原価率は宿泊料の二十数%が業界の目安です。華鳳は倍近くだったにもかかわらず、料理の質がその原価に見合っていなかったのです。

「これは見直さなければ……」

私は、納品から調理までの工程を細かく調べることにしました。業者から食材が納品されると、そのたびに厨房に行き、ひとつずつチェックしたのです。すると、根本的な原因が見えてきました。食材の実質的な納品量が請求額より少ないことがわかったのです。

たとえば、甘エビ三キロが届きます。トロ箱が届き、秤《はかり》にかけると確かに三キロありますが、蓋を開けて見ると箱の下半分は氷です。なんと箱の中の氷も合わせて「三キロ」だったのです。

事情を聞くと「新鮮さを保つために、氷を入れておかないとダメだから」という説明です。肉や野菜でも、同じような状況が次々と出てきます。つまり、原価率四割だったにもかかわらず、その額に見合った食材が使われていなかったのです。

そんなどんぶり勘定でも、旅館経営をなんとかやっていけたのですから、今考えれば緩い時代でした。しかし、今日のように厳しい時代になると、安易な姿勢では経営は成り立ちません。経営の基本はやはり数字です。

以来、私たちは数字に基づく厳格な管理体制の構築に取り組みました。この出来事は、母が大切にしてきた「お客様第一」の精神を守るための教訓ともなりました。

「正しい商売をすれば、必ず道は開ける」

母のその言葉は、今も私たちの経営の指針となっています。

第五章　母の心をつなぐ

素直になれなかった母と娘

母の姿を思い返すと、経営者としても一人の人間としても尊敬できる女性だったと、娘ながら誇りに思います。

お客様は当然のこと、従業員とその家族の生活を考え、さらには出入り業者の方々にまで気を配らねばならないのが女将という職業です。「あぁ、疲れた」と肩をすぼめていた時もあったはずなのですが、目を閉じれば浮かんでくるのは、あくまでも明るくエネルギッシュな母。にこやかでありながら毅然とした姿であり、いきいきと立ち働いている母の様子です。

しかし晩年の母には、わがままな一面も時折のぞくようになりました。私たちが成長し、女将として肩の荷を下ろせた安心感もあったのかもしれません。

ある日、「お客様にこうして差し上げれば喜んでいただけるのではないかしら。料理もこんなふうに工夫して、備品も……」と母に提案した時のこと。

その頃は、細かなことは任せてくれていた母が反論し始めました。

初めて聞くような強い口調で反対する様子は、自分という存在がまだあるのだと言わんばかり。そのうち「あなたは、私がいなければ自分たちの思いのままになると思っているのでしょう」とまで言い始める始末。

母がいるという安心感があるからこそ、私は存分に仕事ができるのです。「そんなことは、お互いわかっていたはずなのに……」と、この時ばかりは母の「老い」を改めて見たようで悲しくなったものでした。

もし意見の違いがあったとしても、他人や義理の仲であれば、お互いに遠慮もありますから、途中で自説を引っ込め波風を立てないようにするのでしょう。

私も頭では、娘である自分が引いてしまえば収まることはわかっています。しかし、そこに甘えがあるものですから、当時は娘の気ままさで、母の気持ちを思いやる前に自分の意見を通そうとしていました。今となれば、なぜあんなに意地を張って我を通そうとしたのかと反省させられます。

生前は面と向かって言えませんでしたが、気持ちの中ではいつも、親のありがたさを思っていました。また、母に優しくしたい思いもありました。それを後回しにして素直に表さなかったことが、今でも悔やまれます。これも娘の甘えだったのでしょう。

どんなに強い母でも、どうしていいか悩む時もあれば、愚痴を吐き出したくなる時もあったでしょう。そんな時には、私たち娘が頼りだったはず。あの頃を振り返り、母の気持ちに寄り添える余裕がもう少しあればと今になって思います。

姉や私が女将として成長し、時には衝突するようになってからも、母にとって私たちはいつまでも可愛い「娘」でした。時々、母は着物を誂《あつら》えてくれましたが、私たちが五十代を過ぎてからも、選んでくれるのはいつもピンク系の着物でした。

「お母さん、この色は若すぎるわ」と、その時は照れくさく思いましたが、今では、その一枚一枚が母からの深い愛を感じる形見となっています。

❈亡くしてわかる母のありがたさ

最近、ご高齢のお母様を連れておいでになるお客様を見るにつけ、「ああ、私は母に一度もこんなことをしてあげたことがなかったな」という思いが湧いてきます。心に浮かぶのは、「孝行したい時分に親はなし」ということわざです。

以前、こんなことがありました。九十歳のお客様が、息子さんご夫婦とお孫さんたちに連れられて来館されました。

私は、「ご家族でご旅行できてお幸せですね。今日はおいしいものをお召し上がりになって、どうぞごゆっくりお過ごしください」とご挨拶申し上げました。

すると、お客様は「ええ、息子がね、冥土の土産に温泉をゆっくり楽しんでくれと言うのでね。もう二度と来られないかもしれません。今夜は心ゆくまで楽しませていただきます」と、ニコニコしておっしゃいました。

そして翌日、お帰りの時に「また来年も来ますからね」と自然におっしゃるので、

「あら、それはそれは、またぜひお待ちしております」とお答えしました。

するとお客様は、「冥土の土産はそんなに早く決められませんからね。二回、三回と来て、いろいろ選ばなければなりませんのでね」と、すまし顔で息子さんたちを振り返り、にこりと笑われました。

本当に、素敵なご一家を心からうらやましく思ったものです。


母が倒れる一年ほど前でしたが、身の回りのものを全部整理して、「これは○○ちゃんに、この着物は○○がよく似合うから」と、私たち姉妹や身近な人々に分け与えたことがありました。

後になって、「あの時、虫が知らせていたんですね」などと言われましたが、当時は病気ひとつしたことがなかったので、「何でそんなに、何もかも片づけるの」と思っていました。親はいつまでも元気でいてくれる。ついそう考えていたのです。


晩年の母にとって何よりの楽しみは、孫たちの成長でした。

姉の子どもの泉と慶子、私の子どもの武志と知子を、それぞれに可愛がった母です。

特に、武志には幼い頃から「将来は三代目を継いでほしい」と期待をかけておりました。それもあってか、武志のこととなると母も甘くなっていたようです。

武志が中学生の頃、厨房で食器洗いのアルバイトをしていた時のこと。洗浄機の一番熱いお湯が出る位置で作業しているのを見て驚き、「熱いじゃないの！　すぐに移動しなさい」と湯温が低い位置へ移させたといいます。溺愛ぶりの一端がわかるエピソードです。

そんな武志も現在は三代目社長として、母の意志を受け継ぎ、華鳳の施設の充実に加えて、従業員の福利厚生や教育に力を入れています。

突然訪れた永遠《とわ》の別れ

「おかしいな、どうしたのかしら」

毎朝決まった時間に自室から降りてくる母が、その朝はなかなか現れませんでした。ある暑い夏の日のことです。

母の居室は泉慶の七階に設けてありました。

「このところ忙しかったから、疲れているのね。もう少しゆっくり休ませてあげましょう」

姉の代野子はそう考え、しばらくそっとしておくことにしたそうです。

しかし、いつもとは違ってなぜか気に掛かったといいます。虫の知らせでもあったのでしょうか、なんとなく気持ちが落ち着かなかったそうです。

時計の針が正午を指しても、母は姿を見せません。我慢できなくなった姉が、おそるおそる母の部屋の扉に手をかけました。

「お母さん、どうなさいました？」

返事はありません。扉を開けた瞬間、姉の目に飛び込んできたのは、部屋の中央で倒れている母の姿でした。

「あっ、お母さん、大丈夫ですか！」

慌てて抱き起こしたのですが、ぐったりして意識がありません。

それからは、もう大変でした。大急ぎで救急車を手配して病院へ搬送し、あわただしく入院。病院での診断は「クモ膜下出血、絶対安静」でした。

母は呼吸こそしているものの、意識のない状態が続きました。私たちは祈るような思いで、うわ言を繰り返す母を見守るしかありませんでした。

三日目の朝、母がふっとまぶたを開けた時は、皆心の底から安堵しました。しかし、それもつかの間、母は朦朧《もうろう》としながら自分の部屋に戻りたがるのです。

「ここは私のベッドじゃないわ。部屋に戻して」

腕に力を入れて起き上がろうとするのですが、まったく体は動きません。そんな姿に胸がしめつけられる思いで、私はただ母の手を握りしめて一心に回復を祈りました。

しかし、高熱は続きます。苦しむ母を見て、私は、その体熱が少しでも取れるようにと、薄物に着替えて母を抱きしめました。幼い頃に、母はそうやって私を抱きしめ、風邪を引いた時や暑い夜には熱を冷まし、また寒い冬には体を温めてくれたのです。

しばらくそうしていると、私の冷えた体に熱が移り、母の体温がすーっと冷めていきました。その時の穏やかな表情が、今でも目に焼きついています。

❇母の胸に残る「里」の風景

突然襲った体の異変に、一番驚いたのは本人ではなかったかと思います。

生死の境で、脳裏に去来したのは何だったのか。問うすべもありませんが、混とんとする意識に浮かんだのは故郷の風景であり、そこで過ごした日々だったに違いありません。「里」こそ終生、母にとってもっとも気持ちの落ち着く安らぎの場所だったのだと思います。

病院へ運ばれる救急車の中で、母はなかば無意識に、しきりに実家の住所を申しておりました。病室で医師に質問された時も、答えたのは実家の方です。

「お名前は？」

「橋本キヨ」

「お歳は、おいくつですか」

「…………」

「生年月日を言えますか」

「…………」

「住所はわかりますか」

「水原町、里……」

意識の中で、母は子どもの頃に戻っていたのでしょう。
三日ぶりに目を覚ました後、まだ混濁している意識の中で口ずさんでいたのは、この歌でした。

菜の花畠に　入日薄れ
見渡す山の端　霞深し
『朧月夜』（高野辰之作詞・岡野貞一作曲）

うさぎ追いし　彼《か》の山
小鮒釣りし　彼の川
『故郷』（高野辰之作詞・岡野貞一作曲）

母にとって一番楽しかったのは、教師として教え子たちと唱歌を歌った時代であり、その頃こそ一番愛おしい時間だったのかもしれません。懸命に働いている時には思い返す暇すらなかったであろう娘時代の思い出が、この時、走馬燈のように脳裏によみがえっていたのでしょうか。

❋三日間語り続けた思い

それでも、母の心の中で生涯もっとも大切な場所を占めていたのは、泉慶であり華鳳でした。そして私たち家族と、お客様のために共に働いてきた、もうひとつの家族である従業員たちでした。

意識を取り戻した母は、驚くべきことに従業員の名前を次々と呼び始めたのです。そして一人一人に、「ごくろうさま……。ありがとさん……」と感謝の言葉を紡ぎ続けました。

生前、「旅館を動かすのは女将ではない。従業員の皆さんですよ」と口癖のように言っていた母だけに、従業員への感謝の気持ちは並々でなかったのだと、この時、改めて実感したものです。

それから母は突然、空に手を伸ばし、「ありがと……」「センセ……」と口にすることもありました。

寝たきりになった母の顔は以前の生気や肌の艶やかさは失われていましたが、瞳だけは不思議なほど澄んでいたと記憶しています。


やがて感謝の言葉がひと区切りつくと、母の記憶は遠い過去へと遡っていきました。

幼い頃の思い出、嫁ぎ先での日々、宿を立ち上げた頃の苦労、泉慶・華鳳での数々の出来事……。まるで、心に大切にしまってきた思い出という布を丁寧に広げていくように、母は記憶の細部を私たちに語り始めたのでした。

母は、二日も三日も、休むことなく話し続けたと記憶しています。そして、すべての思い出を語り終えると、「これで言いたいことはすべて伝えた」とでも思ったのでしょうか。静かに息を吸いこみ、満足しきったような、ほっとしたような表情で、ゆっくりまぶたを閉じました。

病に倒れる前の母は、自分の生い立ちを語ることなどほとんどありませんでした。旅立ちの時期を悟った母は「今のうちに伝えておかなければ」という強い思いで自分を奮い立たせ、最後の力を振り絞ったのでしょう。

語り終わった後の母は失語症のような状態となり、一切の言葉を失ってしまいました。突然の入院から五か月が過ぎ、母と永遠の別れを告げる数日前のことでした。

❈最後に名前を呼んでくれた母

母が倒れてから、私は、ほぼ着の身着のままで母の回復だけを願い、つきっきりで看病を続けました。華鳳の仕事はずっと社員に任せていましたが、次第に会社からの問い合わせも増えていきます。気がかりなことも重なってきました。

病室は静かで、窓から差し込む日差しに母の横顔が柔らかく照らされています。母の元を離れる勇気は出ませんでしたが、仕事を放っておくわけにもいきません。

「お母さん、私は少しだけ戻りますね」と声をかけ、後ろ髪を引かれる思いで病室を後にしました。

今から思えば、この判断が大きな後悔を残すことになってしまいます。私が病院を離れてしばらくして、母は危篤状態に陥ったのです。知らせを聞いて急いで駆けつけましたが、ほんの数分の差で間に合いませんでした。

平成十五年一月七日、母・キヨは、自分の役目は全うしたとでもいうように静謐《せいひつ》に包まれ、息を引き取りました。享年七十八歳でした。

病室に駆け込んだ時、母の顔には不思議なほど穏やかな微笑みが浮かんでいました。長年、大旅館の女将として気丈に生きてきた母とは思えないほど、穏やかで優しい表情でした。まるですべての重荷から解放されたかのような安らかさがそこにはありました。

その姿を見た瞬間、私は体中の力が抜けていくのを感じました。最期に立ち会えなかったことを、どれほど悔やんだでしょうか。

まだ温もりの残る母の手を握りしめながら、私は涙が涸れるまで泣き続けました。泣いても泣いても、まるで堰《せき》を切ったように涙があふれ出てきます。泣き顔を人に見せまいとしても、どうしても涙を止めることができませんでした。

母と二人三脚で歩んできた日々、厳しくも温かな眼差し、共に大きな夢を追いかけた思い出のひとコマひとコマが、次々と頭を駆けめぐります。

胸を押しつぶされるような悲しみの中で、「これから、どうしたらいいだろう」と茫然《ぼうぜん》とするしかありませんでした。

母を失った悲しみは、長らく癒えることはありませんでした。

けれど、私の心にひと筋の光明をもたらしてくれたものがあります。

「美紀子！　美紀子！」と、母が最後に私を呼んでくれた、その声です。

病室を離れる時、目を閉じていた母の意識がふと戻りました。そして、「美紀子！美紀子！」と思いがけないほど力強い声を絞り出し、私に呼びかけてくれたのです。

それまで、私を褒めることも叱ることもなかった母でしたが、最後に私の名を呼んでくれたことは、母からの深い愛情の証。長い年月をかけて、ようやく返ってきた母から私への「答え」だったのだと思います。

その後ろ姿を必死で追いかけ、華鳳の女将として一心に歩んできた私を、母はしっかり見ていてくれたのです。今でも、苦しい時や迷う時、あの時の母の声が私の背中を優しく、力強く押してくれます。

「唯一無二の人」だった正晴

母が入院して以来、病室では毎日同じ光景が繰り広げられていました。時計の針が午前十一時を指すと、必ず車椅子に乗った正晴が現れたのです。

九十歳を超えた正晴は、腎臓病を患っているにもかかわらず、尿道管をつけて介助者二人に付き添われながら、一日も欠かさず母の元へと通い続けました。その表情には毎日変わらない優しさと温かさが浮かんでいました。

ベッドに近づいた正晴は、眠る母の手をかすかに震える手で握りながら、決まってこう言うのです。

「キヨ、今日の具合はどうだ？」

そして、あの豪快さはどこにいったのかと思うような、気遣わしげな眼差しを向け、まるで普段の会話のように穏やかに話しかけます。

「あっという間に一か月過ぎたな。がんばってるな。もう目を覚ましていい頃だぞ」

「もうそろそろ起きてくれよ。正月は一緒に祝いたいじゃないか」

そして、最後は必ず、

「お前の目が覚めたら、真っ先に言いたいことがあるんだ。大切な話がな……」と語りかけるのでした。


「お義父さんも体がおつらいのに、毎日のお見舞いは大変でしょう？　少しはお休みになってください」

私がこう言うと、正晴は静かに笑って答えました。

「いや、キヨの意識が戻ったら、ちゃんと伝えなきゃならないことがあるんだ。今日こそ目を覚ますかもしれないじゃないか。そう思うと、毎日来ずにはいられないんだよ」

そして、慈しむようにそっと母の手を撫でるのでした。母がもう一度目覚めると固く信じて、「今日こそは……」と老いの身を運んでいた正晴。

「また明日来るよ。必ず来るからな」
そう口にすると、翌日必ず同じ時刻に病室に姿を現すのでした。

しかし母が再び目を覚ますことはなく、正晴の秘められた思いは、ついに明かされることはありませんでした。静かな冬の朝、最愛の人からの最後の言葉を聞くことなく、母は旅立っていったのです。

母の魂がこの世を離れた後、正晴はゆっくりと手を伸ばし、宝物にでも触れるようにそっと母の頬に触れました。そして涙を流しながら、こうつぶやきました。
「キヨ……。きれいだなあ、きれいだなあ」
その声は悲しみに満ち、私たちの涙をあふれさせました。

正晴の眼差しは、若き日の母を見ていたのかもしれません。通夜の晩も母の横から離れず、「キヨ、きれいだよ」と人目をはばかることなく何度もつぶやいておりました。そこには、子どもたちはもちろん、父・茂や義母さえも入れない、二人だけの特別な別れの時間が流れているようでした。

正晴が伝えたかったことは、一体何だったのでしょう。

「ありがとう。一生、苦労のかけ通しですまなかった。今までよくがんばったなあ」という、戦友としての謝罪とねぎらいだったのでしょうか。

それとも「愛してるよ。俺が心から愛したのはお前だけだ」という素直な愛の告白だったのでしょうか。

あるいは、「泉慶と華鳳は、子どもたちが立派にやっていくから心配するな」という言葉だったのかもしれません。それでは、一人の女として正晴を愛した母がかわいそうにも思えます。

もしかすると、「生まれ変わったらまた一緒になろう」と来世の約束をしたかったのでしょうか……。

私なりに思いをめぐらせますと、正晴は、長い年月二人だけが分かち合ってきた愛と感謝を自分なりの言葉で伝えたかったのかもしれません。

正晴はその思いを胸に秘めたまま口にすることなく、二年後に母の後を追うように世を去りました。


今、私はこう思います。

二人の魂はずっと以前から深く結ばれ、お互いの思いは十分に通じ合っていた。だから、もう言葉は要らなかったのだと。

母が二十代で正晴と出会ってから五十年近く、共に困難を乗り越え、苦労と喜びを分かち合い、時には喧嘩しながら戦い抜いてきた日々。

長年寄り添って歩んできた二人にとって、母にとっては正晴が、正晴にとっては母が、その人生において「唯一無二」の相手でした。

そのような運命の相手とめぐり会い、長い人生、手をたずさえて歩めたことは、母にとって、人として、そして女性として、何よりの幸せだったと思います。母の最期に、私は深い信頼で結ばれた愛の形、人生の真実を見たように思うのです。

橋本キヨ・飯田正晴（昭和五十六年）

❇三者三様、それぞれの思い

春の初めの柔らかな日差しが差し込む泉慶の特別室で、母の遺品を整理していた私は、アッと手を止めました。

タンスの引き出しを開け、着物が包まれた畳紙《たとうし》を開いて現れたのは、大島紬一式。正晴のものでしょうか。

「お母さん、この着物だけは残していたのね……」

私は思わずつぶやきました。

正晴が八十歳を超えた頃のこと、足腰が弱ったこともあり、長らく母と暮らした特別室を出て、妻・トシの待つ自宅に戻ることになったのです。

その際、正晴の荷物はすべて一緒に戻したと私たちは思っていました。

しかし母は、この大島だけは手元に置いていたのでした。

「正晴がいつ帰ってきてもいいように……」

母はそう考えていたのでしょう。そして、その思いを誰にも言うことなく、ただ静かに、その日を待ち続けていたのでしょう。

私たちは誰一人、母がこんな願いを胸に秘めていたとは知りませんでした。丁寧にたたまれた大島の折り目に、母の細やかな思いが刻まれているようで、私は思わず目頭が熱くなったのでした。

母には母の思いがありますが、当然のことながら、正晴の妻であり私の義母であるトシにも、積年の思いがあったはずです。

しかし義母は、正晴と母の関係について一切言及したことがありませんでした。嫁である私に、愚痴や嫌味などを言ったこともありません。正晴に対しても同じです。

ふと、義母トシの穏やかな微笑みがよみがえります。義母は賢く、気丈夫な人でした。

結婚して間もない頃、義母の家を訪れた時のことです。

「美紀子さん、ちょっと見てごらんなさい」

世間話をしていると、義母は台所からジュースの空き瓶を持ってきて、私の前にスッと置きました。そしてストローを差し込むと、茶目っ気たっぷりに言うのです。

「これに気をつけなさいね」

「え？」と戸惑う私に、義母はすまして言いました。

「これね、『貧乏』よ」

「瓶と棒」だから「びんぼう」。つまり、「お金の始末はきちんとしなさい」と義母なりのユーモアで教えてくれたのです。

そのいたずらっ子のような笑顔の奥には、深い慈愛が宿っていました。


義母の思いを知ったのは、正晴が泉慶の居室を出た後のことでした。

我が家のお手伝いさんから聞いた、あの言葉が今も胸に染みます。正晴が泉慶を去った後、義母はお手伝いさんにたったひと言、こう言ったのだそうです。

「やっと、主人が私のところに戻ってきました」

その言葉には、何十年分もの思いが詰まっていたのでしょう。

その時の義母は、とても晴れやかな笑顔だったそうです。「その声には、恨みも憎しみも微塵も感じられなかった」とお手伝いさんは言います。

義母の心のうちは、第三者にはわかりません。きっと、寂しい夜も苦しい朝も、数えきれないほどあったはずです。しかし義母はその苦しみを温かな知恵で昇華させ、家族への深い愛情に変えていったのです。誰を責めることもなく、また自分の思いを言い立てることもなく……。

正晴を迎えた義母の胸中にあったのは、静かな幸福感と安堵の思いだったのではないでしょうか。

今、改めて義母の生き方に深い敬意を覚えます。その覚悟ある生き方、その強さと優しさに、頭が下がる思いです。

タンスに残された大島紬を前に、私は在りし日の三人を思い浮かべます。自宅で正晴の帰りを待ち続けた義母。正晴の着物を大切にしまっていた母。どちらも切ない思いを抱いていたことでしょう。

そして、二人の女性の間で生きてきた正晴にも、本人なりの迷いや心苦しさがあったはずです。

それぞれの思いを、この大島紬が静かに受けとめている。そんな気がして、今も母の思いがこもったこの一枚を手放せずにいるのです。

❇最後まで、父を気遣い続けた母

母は、元夫であり私の実父である前田茂とも生涯にわたって関わり続けました。先にもお伝えしたとおり、父は自分が出資したお金をすべて返してもらい、旅館業から手を引きました。

この時、母は「アパートでも建てて、今後の収入源にするといいわ」と助言したそうです。そこに込められた思いを、父は理解していたのでしょうか。

その後、父は毎晩のように、月岡の温泉街で飲み歩くようになりました。私たち娘とも離れて孤独になり、自暴自棄になっていたのは察せられます。しかし、同じ月岡で遊び歩いているという噂を耳にして、母の表情が心配で曇るのを、私は何度か目にしました。

正晴が苦労して父に返したお金は、わずか三年で父の手から湯水のごとく流れ出ていきました。私が母の立場なら、許すことなど到底できないでしょう。しかし、母は父のことが最後まで心配のようでした。十一代続いた家が、父の代で途絶えてしまった。その負い目があったのかもしれません。

行方がわからなくなった父の居所を興信所を使って探し当て、ずっと援助を続けておりました。自分の名前では具合が悪いだろうと、義理の息子である浩三の名義で、自分が亡くなるまで生活費を毎月送っていたのです。

母亡き後も、父への援助は浩三を通して続きました。

時が流れ、晩年の父は泉慶・華鳳を訪れるようになりましたが、いつも身ぎれいにしており、「あの素敵な紳士は、どなた様だろう?」と、従業員たちが噂したものです。母は新しい下着や衣類を頻繁に送っていたので、父が亡くなった後のタンスには、新品の下着や季節の衣類がたくさん残されていたそうです。

父の葬儀では、親戚の方々から「本当によくしてもらって……」とお礼を言っていただきました。

その言葉を聞きながら、私は深い感慨に包まれました。母は母なりのやり方で、父への思いと気遣いを一生貫き通したのだと。生きる道は分かれても、かつての伴侶への情愛は、決して消えることはなかったのです。

母の姿を思い出して乗り越えた苦境

母がこの世を去った後のある夜更け。人気のない華鳳のロビーで、私は窓の外を眺めていました。

歴代の庭師が精魂込めて整えてきた庭を明るい月が照らしています。月影に浮かび上がる木々を見つめながら、亡き母の背中を思い出していたのです。「お客様の笑顔のために」と二十四時間、従業員の先頭に立って女将として駆け抜けた、あの温かく、威厳ある後ろ姿を。

母が旅立った後、私たちは一致団結し、必死で華鳳を守り続けました。

ところがその後、徐々に厳しい現実が押し寄せ、浩三が険しい顔をして帳簿をにらむ日が増えていきました。泉慶と華鳳を合わせ、人件費は倍になっているというのに、売上は下がり続ける日々……。

「あんなに規模を拡大して、華鳳さんは大丈夫なのかしら」

街の噂が耳に入るたび、胸が痛みました。母と正晴がいない今、この大きな船を私たちだけで進めていけるのか、と。

ただでさえ、バブル崩壊後の、景気の冷え込んだ時代にオープンした華鳳。月岡温泉全体を見ても、バブル期には三十軒もあった宿が次々に廃業。のちのリーマンショック後には、三分の一にまで減りました。


こんな時、母ならなんと言うだろうか。

私は思いを馳《は》せました。

「つらい時や先が見えない時もクヨクヨせず未来を信じて努力すれば、必ず道は開けるのですよ」と言うでしょう。

「どんな時も、お客様のことを一番に考えればいいのです」と激励するでしょう。

母は自らの苦悩を決して表に出さず、日々の問題を黙々と解決していきました。

華鳳別邸 越の里（右側）が平成十九年にオープン

もちろん母が手腕を発揮できたのは、人に恵まれたからでしょう。それでも周囲と心をひとつにして苦難に立ち向かえたのは、何より母の信念と情熱があったからこそでした。

月明かりに照らされる庭を見つめながら、私は決意を新たにしていました。今こそ、母から学んだ粘り強さを受け継ぐ時なのだと。

そして平成十九年、お客様のために常に進化し続けるという信念のもと、母のふるさとへの思いを込めて名づけた、全室露天風呂付スイートルームの「別邸 越の里」が完成します。

私は空を見上げました。

「お母さん、私たちはお客様のために力を尽くしています。応援してくださいね」

その祈りは、きっと届いていたのでしょう。

「プロが選ぶ日本のホテル・旅館100選」のランキングは、全国約一万四千か所もの旅行会社の事業所の厳正な評価をもとに、国内にある約四万軒の宿から選出されています。平成二十四年、このランキングの総合第三位に入賞。翌年、第二位に上昇。そして令和六年、念願の総合第一位を獲得したのです。

平成元年にランクインして以来、「お客様の心に寄り添うおもてなしを」と皆で一丸となって研鑽《けんさん》を重ねた日々が、ついに実を結んだのです。これは、母の思いを胸に従業員と歩んできた道のりへ与えられた栄誉だといえるでしょう。

「ありがと……」「センセ……」という病床での母の言葉が思い浮かびます。

まだまだ精進が必要ですが、プロの厳しい目でこのような評価をいただけたことに、心からの感謝と喜びを感じます。

思いを受け継ぎ、未来を拓く

令和三年、母が三代目として期待をかけていた孫、飯田武志が社長に就任。経営の指揮を執り始めた新社長はすぐに、こう指摘します。

「お祖母様から受け継いだ伝統は守りたい。しかし、このままではいけない。サービスは一流なのに、経営に無駄が多すぎる」

その声には強い決意が滲んでいました。ベンチャー企業や海外企業でビジネス経験を積んだ彼は、大手旅館で一年の修行を経て家業に戻り、常務を務めておりました。そんな武志の目に映る泉慶・華鳳は、確かに改革の時を迎えていたのでしょう。時には、私たち親世代と激しく対立しながらも、彼は信念を貫いていきました。

新社長が最初に取り組んだのは、職場の環境作りです。

母が大切にしてきた「従業員が輝いてこそ」という理念を現代に合わせて進化させ、彼は次々に改革を行いました。たとえば、勤務シフトを三十分単位で細やかに調整、社員寮のリニューアル、基本給の見直しと社の業績に応じた臨時給与支給など。社員の生活向上やモチベーションを上げる意図が伝わり、従業員の九割以上を占める女性からは「家庭との両立がしやすくなった」という声が聞かれます。

❇現場からのアイデアで変わる泉慶・華鳳

同時に、社員教育を充実させて意識改革に取り組み、中間管理職との会議を増やして意思疎通を図るなど、社内の風通しをよくしていきました。その結果、従業員が仕事に誇りを持ち、サービス向上のために活発な提案が出るようになっていったのです。

全室にタブレット端末の導入、アメニティの一括管理、布団からベッドに変更し、布団敷き係がお邪魔することなくお部屋でくつろいでいただけるようにするなど、従業員の声が次々と形になりました。

お陰様で離職率も減少。入社希望者も増え、優秀な人材が集まるようになりました。近年では運動部の活動も盛んになり、社内のコミュニケーションも密になっています。

さらに、アメニティのコスメ類のグレードアップ。ラウンジでワインやクラフトビールも含めたフリードリンクサービスの開始。サウナや露天風呂への設備投資など、若い感性で、さまざまな変革を続けています。

まだ道半ばではありますが、武志の経営改革は実を結びつつあるように思います。私もお客様から「華鳳は、最近変わったね」「若い感性を感じるわ」といったお声をいただくたびに、母が正晴と共に築き上げた大切な宿が、息子の手によって新しい時代にふさわしいスタイルへと生まれ変わりつつあるのを感じます。

今も、浩三と武志が親子で激論を交わす声が聞こえてくる日がありますが、そのたびに思うのです。母と正晴も、きっとこうして未来への道を切り拓いてきたのだと。

「ミライズ」が生む新たな月岡温泉

経営改革と合わせて武志が力を注いできたのが、月岡温泉全体の再生です。

今、月岡温泉の通りを歩いていると、新しい灯りが次々と目に飛び込んできます。スイーツショップやカフェ、ブルワリーなど十店舗程が軒を並べ、日本酒ショップの軒先では、地酒を楽しむ若い女性たちの笑い声が響き、手焼きせんべいの店からは香ばしい匂いが通りに漂ってきます。

手掛けたのは、武志も含め、月岡温泉の再生を願う若き経営者たちが立ち上げた「合同会社ミライズ」（以下、「ミライズ」といいます）。

以前は団体客で賑わっていた月岡温泉も、景気低迷により、十年ほど前までは街全体が活気を失い、廃業した店舗や空き家、空き地が目立っていました。

そんな状況を憂えて、平成二十七年に設立されたミライズは、「歩きたくなる温泉街」をキャッチフレーズに、月岡の新しい魅力を生み出すために街の再整備に着手。空き店舗を一軒ずつ、新潟の魅力を伝えるスポットへと生まれ変わらせたのです。また足湯や観光庭園なども整備して新たな賑わいを生み出すことで、既存の商店や飲食店にも客足が増加。ミライズの創業時に思い描いた街の活性化につながっているようです。

その努力は、厚生労働大臣賞（人に優しい地域の宿づくり賞）、経済産業大臣賞（産業観光まちづくり大賞）、農林水産大臣賞（食と地域のつながりを守る推進活動表彰）と次々に評価されています。

今後も、月岡温泉がさらに多くの方に愛されるよう、若い力がその発展に寄与してくれることでしょう。

❇受け継がれる泉慶魂・華鳳魂

今、月岡温泉はシニア層やご家族連れはもとより、三、四十代の女性や若い世代

イタリアンシェフが作る新食感のカヌレと
ハンドドリップコーヒーの専門店　煎「IRU」

おせんべいの手焼きや
絵付けの体験ができる
新潟自慢の米菓をテーマ
としたお店　田「DEN」

新潟県内のショコラショップの
チョコレートを集めた専門店
甘「AMAMI」

のお客様で賑わっています。連休などはそれぞれの館の浴衣を着て歩く人々の姿がとても華やかです。かつて母が「人の温もりのある街に」と願った月岡温泉が、新たな歩みを見せています。

お陰様で、泉慶・華鳳もブライダル事業や外国人観光客の集客にも力を入れ、大勢のお客様に訪れていただいています。

この様子を母が見たら、なんと言うでしょうか。

きっとあのふくよかな笑顔で「よくがんばっていますね」と喜んでくれるはずです。そして必ず付け加えるでしょう。「お客様一人一人の笑顔のために、これからもただひたすら精進するのですよ」と。

母の生涯を綴ってきたこの本も、終わりが近づいてまいりました。

どんな時も希望を胸に、全身全霊でお客様に尽くす。

母が一生をかけて教えてくれた泉慶魂、華鳳魂を、次の世代に伝えてお客様をお迎えしていくことが、私に託された役目なのだと、今改めて胸に刻んでいます。

母の夢は、泉慶・華鳳のみならず、この豊かな自然に抱かれた月岡温泉に、一人でも多くのお客様にお越しいただくことでした。

「玉の肌を作る」と称えられる月岡の名湯は、開湯以来、百年余の時を越えて今なおこんこんと湧き出ています。そのエメラルドグリーンの湯は、訪れる人の身も心も優しく温めてくれます。

そして目を上げれば悠然と広がる五頭連峰と、豊かな阿賀野平野の絶景が、四季折々の表情で人々を魅了します。

春の訪れを告げる桜と菜の花のコントラスト。さわやかな緑がまぶしい夏の田園。山々を鮮やかに彩る秋の紅葉。そして、静寂に満ちた冬の雪景色——。移ろう季節が織りなす自然の情景は、名湯と並ぶ月岡温泉の宝物です。

「越後の華乃城」にふさわしく、華鳳の館内には、今日も美しく活けられた花々が咲き誇り、そのかぐわしい香りが漂っています。また従業員たちの笑顔の花も一輪一輪咲き続けています。

どうか一人でも多くの方に、母がこよなく愛したこの月岡温泉へとお越しいただき、心ゆくまでその魅力をご堪能いただけますように。

そして、越後の美しい自然と名湯の恵みをいただくこの地がますます発展しますよう……。静かな祈りを込めて、筆を置くこととといたします。

資料　橋本キヨの生涯と株式会社ホテル泉慶の歩み

大正十五年（一九二六年）一月	**橋本キヨ誕生。**
昭和十二年（一九三七年）七月	日中戦争開戦。
昭和十六年（一九四一年）十二月	太平洋戦争開戦。
昭和十九年（一九四四年）	**キヨ、高等小学校を卒業。国民学校の教師となる。**
昭和二十年（一九四五年）八月	日本がポツダム宣言を受諾し、終戦となる。
昭和二十一年（一九四六年）十二月	自作農創設特別措置法が施行され、昭和三十年頃にかけ地主制の解体が進む（農地改革）。
昭和二十二年（一九四七年）頃	**キヨと前田茂が結婚。**
昭和二十三年（一九四八年）	**長女・代野子誕生。**
昭和二十六年（一九五一年）	**次女・美紀子誕生。**
昭和三十年（一九五〇年）頃	**キヨ、飯田正晴と出会う。**
昭和四十一年（一九六六年）頃	**キヨ、前田家を出て、旅館開業の計画を進める。**
昭和四十二年（一九六七年）十月	新潟県月岡温泉に木造二階建、客室八室と中広間一室の「泉慶」を開業。

昭和四十四年（一九六九年）六月	鉄筋木造二階建、客室三室を増築。
昭和四十五年（一九七〇年）十一月	木造二階建、客室四室と大広間を増築。
昭和四十六年（一九七一年）四月	日本観光旅館連盟に加入。
昭和五十年（一九七五年）三月	法人（株式会社ホテル泉慶）に組織変更。
十月	鉄筋コンクリート三階建の弥生亭が完成（内装工事は一〜二階のみ）。
昭和五十一年（一九七六年）十一月	弥生亭の内装工事完了、客室七室を増設。
昭和五十二年（一九七七年）六月	政府登録（登録旅館第１６３９号）。国際観光旅館連盟に加入。
昭和五十四年（一九七九年）十一月	松泉閣西館の建設用地として約六千平方メートルの土地を購入。
昭和五十六年（一九八一年）九月	松泉閣、虹のかけ橋、ナイトシアター「アイビス」、大宴会場「鳳凰」、客室十一室建設。収容人員二百四十名。
昭和五十七年（一九八二年）十一月	上越新幹線が大宮・新潟間で営業運転を開始。
昭和五十九年（一九八四年）八月	松泉閣西館に大浴場、中宴会場、コンベンションホール「万葉」（最大収容人員三百名）、貴賓室一室、特別室二室を建設。収容人員四百五十名。

昭和六十年（一九八五年）十月	関越自動車道が全線開通。
十一月	松泉閣東館の建設用地として約四千平方メートルの土地を購入。
昭和六十三年（一九八八年）八月	松泉閣東館に玄関ロビー、料亭「浮舟」、コンベンションホール「天平」（最大収容人員三百五十名）、大宴会場「末広」を建設。収容人員七百名。
平成元年（一九八九年）十一月	八千九百三平方メートル、三百台の大駐車場を建設。
平成二年（一九九〇年）六月	隣接する月岡ランド跡地の約四万平方メートルの土地をホテル建設用地として購入。
十月	松泉閣東館六階増築、客室十二室。
平成四年（一九九二年）六月	コンベンションホール「王朝」（最大収容人員千五百名）、小宴会場七室、会議室増設。
十一月	ナイトシアター「飛天」、カラオケルーム「花・鳥・風・月」の四ルーム、泉慶ラーメンコーナー、料亭街八室を建設。
平成六年（一九九四年）四月	西館コンベンションホール「万葉」、客室三室、貴賓室（洋室・万葉・和室・ミーティングルーム）を改装オープン。調理室を改装。

八月　男子大浴場「月鏡」増改築、露天風呂「桂林の湯」新設。西棟客室二十四室。カウンターバー「桂林」増築。収容人員八百五十名、客室百五十五室。

平成七年（一九九五年）八月　女子大浴場「花鏡」改築、露天風呂増築。

十月　新源泉の掘削を開始。

平成八年（一九九六年）九月　国内随一の硫黄分を含む新源泉の湧出を確認。

十月　新館「華鳳」着工。

平成九年（一九九七年）十月　華鳳オープン。収容人員六百七名、客室百十一室。

平成十三年（二〇〇一年）五月　華鳳、ハーブガーデン新設。

平成十四年（二〇〇二年）　キヨ、クモ膜下出血に倒れる。

平成十五年（二〇〇三年）一月　キヨ、逝去。

平成十五年（二〇〇三年）四月　華鳳、「蓬莱」和風料亭改装。

五月　泉慶、露天風呂付部屋四室新設。

平成十七年（二〇〇五年）　正晴、逝去。

五月　泉慶向かいに約八二六平方メートルの駐車場を建設。

平成十八年（二〇〇六年）四月　泉慶、越後料亭「旬窯楽」、会議室「橘・春日」改装オープン。

平成十八年（二〇〇六年）九月	華鳳別邸「越の里」着工。
平成十九年（二〇〇七年）一月	エス・ケイ観光バス株式会社設立。
二月	月岡温泉地内に従業員用駐車場用地として約三七二二平方メートルの土地を購入。
十月	華鳳別邸「越の里」オープン。
	華鳳、大浴場増設、プライベートスパ「月の舟」「星の舟」オープン。月姫第・庭園改築工事完成。
平成二十一年（二〇〇九年）十月	泉慶、麺酒楽処「横丁小町」オープン。
	生ゴミ処理センター建設（処理機四機）。
平成二十五年（二〇一三年）六月	月岡温泉地内に従業員用駐車場として千五十六平方メートルの土地を購入。
平成二十六年（二〇一四年）二月	泉慶、弥生亭の木造旅館部分取り壊し、駐車場を完成。
平成二十八年（二〇一六年）八月	華鳳、「ブライズルーム」、挙式場「縁」オープン。
平成二十九年（二〇一七年）八月	泉慶、客室十室リニューアル。越後料亭「季」オープン。
十月	華鳳、料亭改装工事完了。
十二月	華鳳、新料亭完成。
平成三十一年（二〇一九年）三月	泉慶、客室二室リニューアルオープン。

	華鳳、コンベンションホール「黎明」リニューアルオープン。
令和元年（二〇一九年）八月	泉慶、貴賓室リニューアルオープン。
	華鳳、エグゼクティブラウンジオープン。
令和三年（二〇二一年）三月	泉慶、玄関エントランス・外構リニューアル。
	華鳳、料亭リニューアルオープン。
令和四年（二〇二二年）十一月	泉慶、屋根葺き替え及び外壁塗装リニューアル。
令和五年（二〇二三年）二月	越の里、専用源泉の露天風呂オープン。
三月	華鳳、宴会場「千歳」リニューアルオープン。
十二月	華鳳、十階サウナつき客室リニューアルオープン。
令和六年（二〇二四年）一月	泉慶、プライベートスパ「椿の湯」「桜の湯」オープン。
二月	泉慶、弥生亭の取り壊し、駐車場完成。
八月	新従業員社宅二棟完成。
十一月	泉慶、大浴場リニューアルオープン。
令和六年（二〇二四年）十二月	第五十回「プロが選ぶ日本のホテル・旅館１００選」総合第一位受賞。

おわりに

最後までお読みいただき、ありがとうございます。

改めて振り返ってみますと、創業五十余年の「白玉の湯 泉慶・華鳳」の歴史は母の生き様そのものであったことに気づかされます。

そして、大勢のお客様や関係者の皆様方のお力、従業員の支えがあったからこそ、母・橋本キヨが、その一生を母らしく全うできたのだということに思い至ります。

生前の母とおつきあいいただきました皆様には、亡き母に代わりまして心からお礼申し上げます。


長らく心の片隅にしまわれておりました、宿の歴史と母の一生について書き残すという「宿題」がこのたび無事完成し、ようやく肩の荷が下りた思いです。

母親というものは、いなくなられてみるとすべてが懐かしく思われます。過ぎし日の思い出のひとつひとつを大切に振り返りながら、心を込めて書き進めてまいりました。
拙い筆でどこまでその実像に迫れたか、不安ではありますが、母や、母と共に生きた人々の足跡を後世へと残していければ、これほどうれしいことはありません。
今後は、母の人生の結晶だった泉慶・華鳳を皆で守り抜き、発展させていくことが私の使命だと考えております。

末筆ながら、出版に際してお世話になりました株式会社旅行新聞新社の石井貞徳社長、執筆のお手伝いをしてくださった株式会社ひゅうが書林の江藤ちふみ様、ジャーナリストの野口冬人様、編集の労を取ってくださった自由国民社の皆様、快く取材に応じてくださった皆様に深く感謝申し上げます。

令和七年三月

「白玉の湯 華鳳」女将　飯田美紀子

著者紹介

飯《いい》田《だ》 美《み》紀《き》子《こ》

新潟県新発田市の月岡温泉「白玉の湯 華鳳」女将。
創業者の母・橋本キヨのもと、女将の仕事を学ぶ。

白玉の湯 華鳳
ホームページ https://www.kahou.com/
Instagram @hotel_kahou

協力 石井貞德（株式会社旅行新聞新社）
宮下啓司
野口冬人
取材・構成 江藤ちふみ（株式会社ひゅうが書林）
装丁デザイン こやまたかこ
本文DTP 株式会社シーエーシー

越《えち》後《ご》の華《はな》乃《の》城《しろ》

二〇二五年（令和七年）四月四日　初版　第一刷発行

著　者　飯田 美紀子
発行者　竹内 尚志
発行所　株式会社自由国民社
〒一七一―〇〇三三
東京都豊島区高田三―一〇―一一
電話　〇三―六二三三―〇七八一（営業部）
〇三―六二三三―〇七八六（編集部）
ホームページ　https://www.jiyu.co.jp/

印刷・製本　大日本印刷株式会社